3036469800

Espasa ➜ Mañana

⌐⌐⌐OK L⸜

Please   it no
                                            n below

Biografía

**Manuel
Fernández Álvarez**
De la Real Academia de la Historia

Jovellanos

Espasa Mañana

Diseño y cubierta: Alberto Corazón

Depósito legal: M. 27.926-1988
ISBN: 84-239-2436-X

Impreso en España
Printed in Spain

Talleres gráficos de la Editorial Espasa-Calpe, S. A.
Carretera de Irún, km. 12,200. 28049 Madrid

Índice

PARTE TERCERA

ALTIBAJOS DE LA FORTUNA

PARTE CUARTA

LA RECTA FINAL

A Antonio Baciero,
amigo entre los amigos

Parte primera

Al encuentro de Jovellanos

1.—En tierras astures: al fondo, Gijón

Dice un dicho popular —y si no lo dice, debería hacerlo— que si quieres entender a un gran hombre debes conocer ante todo la tierra en que ha nacido. Así pues, y plenamente convencido de ello, me decidí a regresar a Asturias, no porque no conociera ya su tierra y su cielo, sus ciudades y hasta sus aldeas, sino porque quise evocar aquel Gijón de 1744, en cuyo seno había nacido nuestro gran patricio. Y quise hacerlo en una mañana de enero, tal como aquella en que había sido el alumbramiento de Gaspar Melchor de Jovellanos.

En la meseta, el día era frío, pero luminoso. Al pasar por León, la ciudad era como un fanal de luz. Franqueado Pajares, el puerto nos saludó con un temporal de nieve del que a duras penas pudimos salir; pero al llegar a la costa, el tiempo cambió y otra vez el sol hizo su presencia; un sol, eso sí, tímido y como convaleciente, entre neblinas.

Gijón, al fin. Pero ¿cómo era la villa a mediados del siglo XVIII? ¿Cómo era el Gijón de Jovellanos? Hoy, Gijón es posiblemente la urbe más populosa del Principado y, desde luego, la más activa, con un puerto de primera magnitud. Pero en 1744 las obras del Musel, para cerrar debidamente el puerto, no eran sino un proyecto, y la villa distaba mucho de poder codearse con la capital ovetense, e incluso con la villa vecina de Avilés. En el censo mandado hacer por Felipe II en 1591 aparece con tan sólo 180 vecinos; esto es, entonces no era sino una pequeña aldea de pescadores, con algún edificio noble. Algo que fue creciendo, con la relativa prosperidad que aportó a todo el Principado en el siglo XVII el cultivo del maíz —la gran novedad; con la patata, el regalo de las Indias.

Un cierto bienestar, en contraste con la crisis por la que pasaba entonces la meseta, se extendió por toda Asturias. Gijón no fue una excepción. En 1646, su concejo contaba con 1.184 vecinos, que a finales de la centuria había alcanzado los dos millares, como se desprende de los datos recogidos por Tomás González, el benemérito archivero de Simancas, pionero de los estudios demográficos del siglo XIX. En el siglo XVIII, Gijón contaba ya con unos 4.000 habitantes, cantidad modesta todavía, pero que le hacían despuntar ya en el resurgimiento urbano del Principado.

Por fortuna, se conserva todavía el noble caserón donde nació Jovellanos. Está en el corazón del casco antiguo en una plaza tranquila. Es una casona-palacio, con su portalón de arco de medio punto y su torreón con el escudo solariego. La casona tiene al frente sus siete hermosos balcones, como quiere la tradición de la tierra para estas moradas de los rancios linajes. Está flanqueada por unos árboles, que en esta mañana de enero enseñan sus ramas esqueléticas.

En la madrugada del 5 de enero de 1744, cuando todavía no clareaba el día, daba a luz en esta vieja casona nobiliaria doña Francisca Apolinar, hija de los marqueses de San Esteban del Puerto, a un hijo varón, a quien sus padres, en honor de la festividad del día en que se bautizó, pondrían los nombres de Baltasar, Gaspar, Melchor y María. Era como un regalo de los Reyes Magos. Lo habría de ser para el país entero, con ese don especial que deparan siempre los personajes ejemplares.

En la noche del 5 de enero de 1744, el mar golpearía cerca, sobre los acantilados de la costa, como ahora lo está haciendo. Yo oigo sus golpes rítmicos, que acompañarían entonces también a la parturienta, como si se tratara de una orquestación singular. Algo como si se quisiera señalar que aquel parto de doña Francisca Apolinar tenía algo de especial, que el niño que alumbraba no iba a ser uno más entre los muchos hijos de aquel matrimonio de hidalgos asturianos. Su madre había tenido otros diez hijos, de forma que ya sabía lo que era canela fina. Aún tendría otros dos más, si bien cuatro de ellos darían tributo a la fuerte mortandad infantil de la época. De todas formas, una lucida tropa infantil de cinco chicos y cuatro chicas, en cuyo pelotón militó la infancia de Jovellanos.

Tenemos la fortuna de poder evocar aquellas batallas infantiles, por los amplios pasillos y por las espaciosas salas de la casona donde se unían dos viejos linajes: los García de Jove y los Llanos de Tejera; batallas infantiles a que pondrían fin, con algún correctivo que otro, los padres de la tropa, don Francisco Gregorio y doña Francisca Apolinar. La casona de los Jovellanos tenía una clara ventaja: que por lo espaciosa, siempre había en ella algún rincón más escondido y tranquilo, bueno para un muchacho soñador.

¿Fue por esa razón por que la que don Francisco Gregorio empezó a pensar que su undécimo vástago podría hacer carrera en la Iglesia? ¿Arrancó todo de la dura realidad de que era preciso ir dando salida a tanta tropa, sin quebranto mayor de la fortuna familiar, sujeta por otra parte a mayorazgo? Es muy posible. Tal era, bajo el Antiguo Régimen, la suerte que esperaba a los segundones, que debían labrarse su propia fortuna o por la mar o por la Iglesia o por la Casa Real. Como el muchacho Baltasar Gaspar Melchor María —al que pronto denominarían, abreviando, Gaspar Melchor— era demasiado reposado para los trajines de la mar, y como la corte estaba demasiado alejada de aquella casona astur, sólo se podía pensar, de momento, en un porvenir vinculado a la Iglesia.

Pero eso sería después.

Por lo pronto, entre 1744 y 1756, Jovellanos jugaría, como otro muchacho cualquiera, por las callejas y plazas del viejo Gijón, ante la casona familiar, ante el palacio de Revillagigedo, o ante los muros de la memorable colegiata del siglo XV. Y, sin duda, cuando a sus doce años empezara a soñar con el futuro, le gustaría deambular por el barrio de pescadores, el barrio de Cimadevilla, de viejo sabor marinero, teniendo el mar, azul a veces, gris y plateado otras, a su frente.

Era una época de paz. Una paz provinciana dentro de una paz nacional. Jovellanos tuvo la rara fortuna de vivir su infancia en un reinado cuyo rey aborrecía la guerra. A partir de la paz de Aquisgrán, que cerraría en 1748 una penosa guerra heredada del anterior reinado, Fernando VI, bien auxiliado por su mujer, la portuguesa Bárbara de Braganza, iba a hacer bueno el lema de los ilustrados: que era preciso huir de la guerra como del fuego y que más barato salía fundar dos ciudades nuevas que conquistar una ajena.

Esa vida tranquila, en el seno familiar, acabó para Jovellanos cuando cumplió los trece años. Hasta entonces había hecho sus primeros estudios, incluidos, naturalmente, la Gramática, el Latín y las cuatro reglas, en el mismo Gijón. Sus padres habían podido comprobar que destacaba fácilmente entre sus condiscípulos y que tenía la mente abierta para el estudio. Su mirada era inteligente y su memoria buena.

«¡Aquí tenemos ya un padre de la Iglesia!», pensaron los dos Franciscos, entre piadosos y satisfechos, vislumbrando en Gaspar Melchor un puntal para la familia.

En vista de lo cual consiguen cartas de recomendación para el prelado ovetense Manrique de Lara y lo mandan a Oviedo.

Ya sale de casa. Tiene trece años y ya es un hombre.

Los biógrafos de Jovellanos pasan de largo sobre estos primeros años de su vida; apenas si nos dicen algo sobre los padres y su índole nobiliaria, sobre los pocos bienes y los muchos hijos de aquel Francisco Gregorio de Jovellanos, regidor y alférez mayor de la villa y concejo de Gijón. Está claro que un regidor bajo el Antiguo Régimen estaba, en todo caso, en la elite del patriciado urbano. Ése es el ambiente que se corresponde con la casona en que nació Jovellanos, una de las más hermosas del Gijón de mediados del siglo XVIII; sin duda, una casona-palacio.

Se nos dice, eso sí, que Jovellanos pronto destacó en los estudios de las primeras letras y en especial del latín, verdadera piedra de toque para comprobar los alientos de un estudiante. Y poco más [1].

Y, sin embargo, ¡cuánto más podría decirse! Podríamos acompañar con toda certidumbre a Jovellanos, desde la casona familiar hasta el estudio, en los lluviosos días del invierno asturiano. Podríamos, sin faltar a la verdad, asomarnos con él al catón del tiempo y a las gramáticas castellana y latina, todavía bajo los dictados de Nebrija: sus esfuerzos para memorizar las declinaciones y conjugaciones y para desentrañar las frases latinas, despiezándolas tras la búsqueda del verbo, el sujeto y los complementos.

Sí, el Jovellanos de estos primeros años se encaró ya con la más

---

[1] JULIO SOMOZA, *Documentos para escribir la biografía de Jovellanos,* Madrid, 2 vols., 1911; cfr. el estudio de MIGUEL ARTOLA en la ed. de las *Obras* de Jovellanos, Madrid, BAE, 1956, I, págs. VIII y IX.

noble antigüedad a través de los clásicos. Así, con Julio César y con su estilo sencillo al describir la guerra de las Galias:

Gallia est omnis divisa in partes tres...[2].

O con la elocuencia de Cicerón:

Quousque tandem abutere Catilina patientia nostra?[3].

Pero, sobre todo, le conmovieron los versos de Virgilio y aquella feliz justificación de su dedicación a la poesía, que luego le gustaría recordar en los años de su vejez:

Deus nobis haec otia fecit[4].

Y entre los estudios, los juegos: las persecuciones, los escondites, la gallina ciega. Y, ante todo, el escuchar cuentos al criado más viejo de la casona, cuando los temporales y el mal tiempo obligaban a permanecer en el lar familiar, al consuelo de un buen fuego.

En los meses de verano, Asturias se despereza y va encendiendo, por toda la tierra, la serie casi interminable de sus romerías. El Carmen, en Cangas de Tineo; San Roque, en Tineo; San Timoteo, en Luarca; Santa María de Riégala, en Cadavedo; y, en medio, las fiestas de la Virgen de Agosto, en Gijón. Allí, en praderas siempre verdes, se montan los puestos de bebidas, cercanas a la ermita del lugar, suena la gaita y las parejas bailan. Y al volver de la romería, en las noches cálidas de agosto, se oyen los cantos de mozos y mozas, mientras de cuando en cuando se pierde alguna pareja que otra entre los maizales: una explosión de vitalidad y de alegría natural que sigue resonando, año tras año, en el mundo rural asturiano.

En la retina infantil de Jovellanos está grabada ya la estampa, a todo color, de las romerías de la tierra, tanto de las bellísimas de pescadores con paseo marinero de la Virgen por el mar —tal la

---

[2] El famoso comienzo de aquel diario de soldado —Julio César— que aparece pronto en todos los ejercicios de latín: «Toda la Galia está dividida en tres partes...»
[3] La frontal denuncia de Cicerón en el Senado de la conjura de Catilina: «¿Hasta cuándo abusarás, Catilina, de nuestra paciencia?»
[4] El delicioso verso virgiliano, al comienzo de sus *Bucólicas*, en que hace expresarse así al pastor Títiro, para justificar su dulce dejar pasar el tiempo entre músicas y canciones: «... un dios hizo estos ocios para nosotros.»

de Cadavedo— como las de tierra adentro, preferentemente en lo alto de una colina, o en la cumbre de una sierra, como la de la Trapa, en un monte donde los árboles han dejado paso a los helechos, y desde donde se contempla un paisaje espléndido, siempre con la línea azul del mar en el confín norte del horizonte.

Y entre esos estudios y esos juegos, los sueños. Porque es a los doce años cuando todos los muchachos empiezan a soñar con sus vidas. La vida es, a esa edad, un proyecto que hay que soñar. A esos sueños, de momento, a Jovellanos se le ponen unos límites; él ha de entrar en la Iglesia. Tal es la norma del grupo en las familias hidalgas del Antiguo Régimen, con más abundancia de hijos que de medios. Lo cual quiere decir una renuncia a la formación del propio hogar y que Eros quede marginado como algo pecaminoso. ¿Hay, en esa primera indicación paterna, una particular impronta, que acabará pesando ya para siempre sobre el futuro de Jovellanos? ¿Está aquí incubada su soltería, como el penoso legado de su etapa de aprendiz de clérigo?

En todo caso, Jovellanos guardará ya un recuerdo imborrable de su etapa infantil: Gijón será siempre su refugio; allí quedaba su familia y su casona, con su huerta. Cuando pasados los años de venturas y desventuras, se vea apartado de Asturias, por el despotismo reinante, suspirará por volver a sus tierras natales. Así, desde su encierro del castillo de Bellver, suplicará al ministro Caballero en estos aflictivos términos:

> Yo no puedo persuadirme, Señor Excelentísimo, a que el justo y piadoso corazón de S. M. me abandone a morir en tan triste situación, ni tampoco a que ésta no merezca la compasión de V. E. Por lo mismo le ruego con todo el encarecimiento de que soy capaz y con toda la confianza que su justificación y generosidad me inspiran, se digne elevar mi aflicción a la suprema atención de los Reyes, mis piadosos soberanos, implorando a mi nombre su real clemencia y obteniendo de su notoria piedad que me permitan volver a Asturias...[5].

En cuanto a la familia, dado que nunca formó la suya propia, siempre mantendrá la entrañable unión con sus hermanos, especialmente con Francisco de Paula, y con la que se había de meter

[5] Jovellanos al ministro Caballero, Castillo de Bellver, 17 de abril de 1805 (JOVELLANOS, *Epistolario,* ed. crítica de José Caso González, Barcelona, Labor, 1970, páginas 150-152).

monja, María Josefa. Francisco de Paula, conforme al uso asturiano, será su «amado Pachín», y María Josefa, por supuesto, Pepa. Son los compañeros de sus juegos infantiles.

La tierra, la familia, el hogar. También recordará siempre la casona familiar, su «cuna»; la casona con su huerta, para la que está pensando continuamente en mejoras, como cuando envía a su hermano Francisco de Paula docena y media de sauces desde Madrid, para que se plantaran:

> ... a la parte de la tapia de la huerta, para que, levantando sobre ella, pendan sus ramas a la parte de afuera vistiendo sus paredes agradablemente... [6].

Gijón, pues, el punto de partida, a donde se anhela volver cuando se ha sufrido tanto:

> Después de once años de ausencia, persecuciones y trabajos —le escribirá a su amigo lord Holland, cuando sólo le quedan unos meses de vida—, estoy otra vez en mi *escondite de Gijón,* tan ansioso de hallar en él el descanso que mis muchos años y mi degradada constitución física necesitan...
> —Y le añade, en una explosión de sentimentalismo y de tierno amor a la tierra—: Llegué a besar esta cuna el siete de este mes... [7].

Cuna y sepultura. A los tres meses de esta carta, aquella cuna asturiana se convertiría en su sepultura. Pero eso sería en 1811.

De momento, y en 1757, reinando todavía Fernando VI, Gaspar Melchor de Jovellanos es un muchacho de trece años al que sus padres mandan a Oviedo para que se inicie en la carrera eclesiástica.

---

[6]   Jovellanos a su hermano Francisco de Paula, Madrid, 31 de enero de 1787, ed. cit. de José Caso González, págs. 64-67.
[7]   Jovellanos a lord Holland, Gijón, 17 de agosto de 1811, *Epistolario,* ed. cit., página 234. Por supuesto, el subrayado es nuestro.

2.—El aprendiz de clérigo
(Oviedo, Ávila, Alcalá)

Así pues, a los trece años, Jovellanos debe dejar la casona familiar y ha de abandonar Gijón, para hacer carrera en Oviedo. Porque aunque Oviedo no es, ni mucho menos, una gran urbe, sí que es la cabeza del Principado, orgullosa de su historia y, sobre todo, sede episcopal y centro universitario, con siglo y medio a sus espaldas, desde que los testamentarios del arzobispo Fernando de Valdés habían hecho realidad el mandato del terrible inquisidor, poniendo en marcha el Estudio ovetense, a principios del siglo XVII. Para entonces, la Universidad ovetense había ido calando en la sociedad astur. Gran empujón le había dado el contar nada menos que con el magisterio del padre Feijoo, que llevaba medio siglo enseñando en sus aulas.

Oviedo, a mediados del siglo XVIII, según el catastro del marqués de la Ensenada, contaba con 1.750 vecinos, lo que podría dar unos 8.000 habitantes. Ya se puede comprender lo que en tan pequeña población suponía la clerecía, con el obispo y el cabildo catedralicio; el Estudio universitario, con el rector y el claustro de catedráticos —recordemos, Feijoo uno de ellos—; el corregidor, gobernando urbe y Principado, y la Audiencia —creada en 1717—, con su regente, sus cuatro oidores y su fiscal. Cuatro personajes, pues, de grueso calibre, cuatro pesos pesados: el obispo, el corregidor, el rector y el regente. Tres de ellos con sus respectivos cuerpos colegiados: los canónigos, los profesores y los jueces.

Oviedo contaba por entonces con cinco hospitales, dos refugios para ancianos y un Hospicio que se estableció en este año de 1752, soberbia pieza arquitectónica de Pedro Antonio Menéndez, que era «la novedad» en aquella década de los cincuenta en la que Jovellanos llega a la ciudad.

Oviedo sólo estaba asistido por dos médicos asalariados —uno por el Ayuntamiento y otro por el cabildo catedralicio—, cinco cirujanos y once barberos, que lo mismo rapaban una barba que hacían de sangradores. La existencia de la Audiencia y el particular afán de pleitear de los españoles daban bastante quehacer a 18 abogados, 20 procuradores y 25 escribanos. Las artes no estaban mal atendidas, con 9 pintores y doradores de retablos, 2 arquitectos y 8 músicos. Conocemos otras profesiones menores, ahora ya inexistentes pero que las requería aquella sociedad, como los cereros y los moledores de chocolate, en este caso, a favor de la bebida que entonces hacía verdadero furor. Dos correos tenían a su cargo poner a Oviedo en comunicación con la meseta.

Pese al siglo y medio que tenía de existencia la Universidad, Oviedo sólo contaba a mediados del siglo XVIII con un impresor y un mercader de libros; lo cual da para pensar que el magisterio del padre Feijoo se ejercía más a nivel nacional, por su obra escrita, que local, y que su famosa tertulia (a la que asistía el célebre doctor Casal, que había vivido en Oviedo durante treinta años, entre 1720 y 1751) sólo era el refugio de un puñado de intelectuales.

Hoy podemos asomarnos al Oviedo del siglo XVIII, el Oviedo que conoció a Jovellanos, gracias al plano que hizo de la ciudad Francisco Reiter en 1777. La parte vieja se perfila en forma de manzana, delimitada por calles que aún conservan sus antiguos nombres: Paraíso, Postigo, Peso... Es admirable, al menos para el que tiene sentido de lo histórico, admirable y hasta conmovedor el comprobar cómo ha sabido conservar la vieja Vetusta el recuerdo de los nombres antiguos. ¿No es notable cosa que se pueda hoy pasear por esas calles y callejas que llevan, como en otros tiempos tan lejanos, los nombres de Cimadevilla, Santa Ana, San Antonio? ¿No es como una llamada del pasado que calles como la Rúa, que hoy trae la resonancia de algo ya pasado, aparezca en el plano de Reiter con el doble nombre de la Rúa o «calle Nueva»? Aparecen también las calles de Foncalada y La Gascona, la Corrada del Obispo, e incluso el Campo de San Francisco. Las calles, plazas y callejas por donde el asombrado muchacho caminó, a buen seguro, recién venido de Gijón.

Aunque quizá no demasiado, por encerrarse a estudiar entre sus libros. Pero no dejaría de ir al viejo Estudio universitario, con su sobria fachada y su amplio patio, ni de acudir a la catedral, para asistir a las ceremonias religiosas, conforme a una devoción sincera sentida desde muy niño.

A poco, un cambio en los planes familiares, por muerte del mayorazgo, hace que Gaspar Melchor de Jovellanos pueda aspirar a un beneficio diaconal en San Bartolomé de Nava, con el poderoso apoyo de la abadesa del monasterio de San Pelayo, que era tía suya; a tal fin, Jovellanos ha de recibir la primera tonsura de manos del obispo ovetense Juan Francisco Manrique de Lara [1].

Sólo estudia Jovellanos un curso en la Universidad ovetense. Al año siguiente (1758), y conforme a una práctica muy habitual entre los estudiantes, irá en busca de otra universidad; todavía sería otra de las menores: Ávila.

Otoño de 1757: Jovellanos deja Oviedo y continúa sus estudios en Ávila, donde se sabe que su prelado, el asturiano Velarde y Cienfuegos, es gran protector de aquellos jóvenes paisanos suyos que se dedican a las letras.

Por lo tanto, Jovellanos otra vez en viaje y ahora abandonando su dulce Asturias para adentrarse en la árida meseta castellana. ¡Qué choque no sufriría, cuando al franquear el puerto se encontrara con el sol y la luz de la altiplanicie leonesa! Sabemos muy bien, gracias a la pluma de Ortega, lo que supone para el castellano pasar de la meseta a los valles astures:

> En Castilla, mirar suele ser disparar la flecha visual al infinito. Pues bien, la primera mirada incauta que desde Pajares dirigimos al otro lado es siempre un fracaso visual. Apenas abandona la córnea se encuentra enredada en una substancia algodonosa donde pierde su ruta cien veces: es la «niebla», la niebla perdurable que sube a bocanadas, como un aliento hondo del valle... [2].

A Jovellanos le ocurrió el fenómeno inverso. Acostumbrado a su paisaje asturiano, de tierra verde, altas montañas y pequeños

---

[1] MIGUEL ARTOLA, *Obras* de Jovellanos, estudio preliminar, I, pág. IX.

[2] ORTEGA Y GASSET, *Notas de andar y ver*, en *Obras Completas*, Madrid, 1932, página 325. Habría que acudir a la lírica de Rosalía de Castro, para evocar bien la impresión del norteño —galaico o astur— cuando penetra en la meseta.

valles, con el cielo anubarrado, cuando no encapotado, se encontró de repente con el choque de luz cegadora, restallando en todas partes, y las tierras pardas, extendiéndose en un horizonte sin fin.

¡Y cómo no recordar ahora la primera vez que yo dejé Asturias! Tenía entonces la misma edad que Jovellanos cuando salió de Oviedo. Recuerdo que penetré en la meseta por el puerto de Leitariegos. Era el mes de febrero. De pronto, al franquear el puerto, un cielo anubarrado que presagiaba lluvia abundante, dio paso a un cielo azul, donde las montañas se perfilaban entre raudales de luz. Aquello era la locura. Poco a poco, las montañas y los desfiladeros fueron dando paso a valles más amplios, hasta llegar a la altiplanicie leonesa, donde la mirada se perdía en el horizonte. Y el estudiante asturiano que yo era, no pudo por menos de prorrumpir en un grito de admiración. Por eso comprendo lo que Jovellanos debió sentir cuando dejó atrás la Asturias de Oviedo, con la mirada puesta en el Ávila de Santa Teresa.

Ya tenemos, pues, al joven Gaspar entre las murallas de Ávila. ¿Por qué en «la ciudad mística y guerrera»? Posiblemente porque la fama de aquel muchacho, tan notablemente dotado para las letras, había llegado a los oídos del obispo abulense, que lo era entonces Velarde y Cienfuegos, gran protector, como asturiano, del estudiantado astur. Lo sería, y de forma espléndida de Jovellanos, liberado a partir de entonces de agobios económicos y de pesar sobre su familia, desde que en 1761 recibe de manos de su protector el primer beneficio eclesiástico. Dedicándose de lleno a sus estudios, puede Jovellanos graduarse bachiller y después licenciado en Leyes y Cánones. Y tan brillantemente, que el obispo don Romualdo Velarde decide promocionarle para una universidad mayor, una de las tres grandes de la nación: la de Alcalá de Henares. Le concede una beca de canonista para el Colegio Mayor de San Ildefonso, cuando corría el año 1763.

Era un reto para aquel estudioso asturiano de diecinueve años. Un reto que Jovellanos afrontaría con gallardía. En el campo de batalla de los estudios se movía a sus anchas. Hace las oposiciones para la plaza de colegial tan brillantemente que las gana por unanimidad.

En Alcalá de Henares completaría Jovellanos su formación universitaria, entre 1764 y 1766.

Y algo más: conocería la parte alegre de la vida del estudiante, que seguía siendo en el siglo XVIII como la encarecía Cervantes:

que si se quitaran las hambres, no había otra que se le igualase. O como la encomiaría Mateo Alemán:

> ¡Oh dulce vida la de los estudiantes! ¡Aquel hacer de obispillos, aquel dar trato a los novatos...!

Bien es cierto que no nos imaginamos a Jovellanos, ni de muchacho, gastando novatadas, sino antes bien recibiéndolas o metido entre sus libros. Pero lo que sí podemos asegurar es que su fondo afectuoso le hizo buscar al amigo; sobre todo, los seis mortales años de Ávila, los primeros que pasaba lejos de su amada Asturias, a buen seguro que encontró refugio contra la soledad en el grupo de compañeros asturianos, de aquellos «paisanos» protegidos por el obispo.

Ese sentimiento de amor a la tierra aflora más de una vez en su *Epistolario*. En una ocasión, estando unos días en Oviedo, escribe a su amigo González de Posada:

> Aquí no hay nada nuevo... No hay diversión ni sociedad, y yo suspiro por mi Gijón... [3].

Si eso le ocurría, estando en Oviedo, cuando ya era hombre maduro, ¡qué no sería de muchacho, a los quince o dieciséis años, hallándose en Ávila!

Seis años estudió Jovellanos en Ávila, seis eternos años sin una tregua en el seno familiar. Quizá el apretar de firme en los estudios le ayudaría a espantar las penas. En todo caso, es en esa etapa acumulativa donde fue almacenando aquellos conocimientos de gramática, de latín y de historia, que después tanto le ayudarían en su carrera, para atraerse el apoyo de los ministros ilustrados de Carlos III. Así, por ejemplo, las citas de versos latinos, como aquel de Horacio:

> Non satis est pulchra esse poemata, dulcia sunto [4].

¿Dónde los aprendió, sino en sus tiempos de estudiante? En Oviedo, en Ávila, o más posiblemente en Alcalá.

La etapa de Alcalá de Henares cierra su época de estudiante.

---
[3] Jovellanos a Carlos González de Posada, Oviedo, 9 de julio de 1791 (*Epistolario*, edición citada, págs. 74 y 75).
[4] *Epistolario*, pág. 78.

Época de estudio casi sin tregua; aunque de cuando en cuando, el estudiante cerrará el libro para asomarse a la vida. Bien en una tarde de invierno en la fría Ávila, cuando los copos de nieve se hacen, de pronto, más intensos y atraen la mirada del joven asturiano, que quizá no haya visto nevar jamás en su infancia. O bien, el sol de mayo, que lo ilumina todo y es como una invitación a entrar en la vida, a salir al campo, a oír el murmurllo de la naturaleza.

También puede ser que agosto abra en la noche el firmamento inmenso y el parpadear de las estrellas haga soñar a ese joven estudiante que tiene ya diecisiete o dieciocho años. ¿Acaso con la patria chica, que ha quedado tan atrás, a ocho o diez jornadas de mula frailera? ¿Acaso con el hogar familiar, con el cariño profundo de los seres queridos, un cariño que no es preciso expresar en palabras porque está en los mínimos gestos de cada minuto? ¿O es que sueña con la mujer, con ese encuentro maravilloso, con ese combate sin tregua, en que se ataca por todos los frentes, entre un estallido de besos que incendian el mismo aire que respiran los amantes?

A buen seguro que no todo es estudiar, que también están los sueños y los recuerdos y las confidencias con los amigos; esto es, todo lo que hace llevadera la vida del estudiante que vive lejos de los suyos. De cuando en cuando, el correo le traerá alguna carta. A veces, muy de tarde en tarde, será una visita, alguien que viene de Asturias, y que casualmente pasa por Ávila o por Alcalá.

Pero eso sucede rara vez. Lo suyo es que el estudiante viva plenamente su propia soledad. Si acaso, algún amigo, dado que la mujer, por su condición de estudiante de la Iglesia primero, y como colegial mayor de Alcalá después, le estará —al menos teóricamente— prohibida.

Sabemos que en Alcalá, y en aquellos años en que entraba por la veintena, hizo algunos de sus mejores amigos; alguno, como Juan José Arias de Saavedra y Verdugo, lo sería ya para toda la vida. Con aquel compañero del Colegio Mayor de San Ildefonso conoció Jovellanos lo que valía la palabra amistad. Será el amigo fiel con el que comparte los afanes del estudio y, sin duda, alguna que otra peripecia estudiantil, aunque no fuese tan sonada como las que habían relatado, en el siglo anterior, Mateo Alemán en su *Guzmán de Alfarache,* o Quevedo en su *Buscón.*

El 24 de diciembre de 1764, Jovellanos conseguía el bachillerato en Cánones. Ya está en condiciones de ejercer como sustituto en las aulas de la Universidad de Alcalá, no sin los apuros del que, puesto a explicar (en clases donde no pocos de los oyentes serían de su edad), nota que se le acaba la cuerda y que parece que nunca llega el anuncio («¡la hora!») de que la clase ha terminado. Pero, en fin, ya es todo un hombre, la parte más dura de la preparación ha terminado, y puede tomarse un respiro, regresando al lar familiar. Con la Gramática y el Latín se creía en el dominio de la Filosofía y de la Lógica; en suma, que había alcanzado ya cuál era el secreto del mundo. Cuán equivocado estaba, lo reconocería más tarde, ya desviada su carrera:

> Entré a la jurisprudencia —confesará después humildemente— sin más preparación que una lógica bárbara y una metafísica estéril y confusa, en las cuales creía entonces tener una llave maestra para penetrar en el santuario de las ciencias [5].

En el verano de 1765, cerradas las aulas universitarias, el joven profesor decide tomarse unas vacaciones, regresando a Gijón. Jovellanos, de pronto, siente la necesidad de encontrarse entre los suyos. Y de tal manera, que prolongaría su estancia a lo largo de todo el curso siguiente, no volviendo al Estudio alcalaíno hasta mayo de 1766. El año había sido malo por todas partes, las cosechas pobres y el hambre general afectando a media España. ¿Es esto lo que hace que Jovellanos apure su estancia en el hogar paterno hasta tan entrado el año 1766? El 23 de marzo una noticia sacude al país: el pueblo madrileño se ha amotinado contra el Gobierno de Carlos III; la furia popular va contra Esquilache, el odiado ministro extranjero.

Estando, pues, en Asturias, Jovellanos tiene la noticia de que una formidable asonada ha puesto en conmoción a la corte, ante el alzamiento del pueblo madrileño. Las masas populares se han hecho dueñas de la calle, entrando en conflicto armado con las guardias valonas y marchando sobre el Palacio Real. Es la rebelión de la capital frente a la corte. El pánico se apodera de la familia real, que huye por la carretera de Andalucía, a refugiarse en Aranjuez. El rey se verá obligado a destituir al odiado ministro Esquilache, ante la presión popular.

Jamás se había oído algo similar. Por todas partes, como si se

---

[5] La confidencia de Jovellanos en su *Discurso sobre la necesidad de reunir al estudio de la legislación el de nuestra historia y antigüedades* (cfr. M. ARTOLA, estudio cit., pág. X).

tratara de una explosión en cadena, se suceden los graves esta-
llidos populares: en Aragón (es particularmente peliagudo el de
Zaragoza) como en el País Vasco, en Castilla la Nueva (Cuenca,
Ciudad Real) como en Castilla la Vieja y León (Palencia, Salamanca). Los disturbios alcanzan hasta Andalucía (Sevilla, Granada, Sanlúcar de Barrameda), Galicia (La Coruña) y Asturias
(Oviedo).

Lo que ha empezado como una protesta contra medidas guber-
namentales de policía ciudadana (las impopulares reformas de ca-
pas y sombreros) se ha convertido en una formidable asonada. Se
habla de que la mano de algunos políticos resentidos había provocado la revuelta. Lo que se sabe, de seguro, es que los altos precios
de las subsistencias han encrespado los ánimos de un pueblo famélico. Un historiador de nuestros días nos lo aclarará:

> El falso problema es buscar «instigadores» políticos a mo-
> vimientos que no los necesitaban en absoluto, por el hecho
> de que estos movimientos tengan repercusiones políticas [6].

Diríase, sin embargo, que en la Asturias rural se debaten más
los conflictos antiseñoriales, como el que promueven los vecinos
de Cangas de Tineo, Tineo y Valdés contra el señorío de Suero de
Quiñones, que un malestar frente al Gobierno por un problema
de subsistencias [7].

En todo caso, ese estado de inquietud general alcanzó al Principado de Asturias y alarmó a Jovellanos, que en mayo de 1766
decidía volver a Alcalá.

Se rumoreaba que algo más que la desesperación de un pueblo
famélico había puesto en marcha el motín. Aunque con dudoso
fundamento, lo cierto es que la revuelta amenazaba también las
reformas auspiciadas por Carlos III. Por lo tanto, lo que estaba en
todas las conversaciones, y más en los centros universitarios con
fama de progresistas —como era el caso del Estudio alcalaíno—,
era hasta qué punto España debía seguir por la vía de las reformas,
que los Borbones habían impulsado desde los primeros años del
reinado de Felipe V. Novadores y tradicionalistas entraban en pug-

---

[6] PIERRE VILAR, «El motín de Esquilache», en *Revista de Occidente*, núm. monográ-
fico, «Nueva visión de la Historia de España», febrero de 1972, págs. 222 y 223.
[7] GONZALO ANES, *Historia de Asturias. Edad Moderna*, II (El siglo XVIII), Vitoria,
1977, págs. 255 y sigs.

na; dos minorías con un pueblo todavía demasiado ignorante para no desconfiar de todo lo que supusiera cambio.

Y en esos debastes, a nivel de los grupos locales, entró también, sin duda, Jovellanos. Después de su estricta formación en Gramática y Retórica, en Filosofía escolástica y en Cánones, Jovellanos comenzó a tener noticia del movimiento ilustrado que con tanta fuerza se estaba desarrollando en la Europa occidental, y concretamente en Francia. En 1766, Voltaire llevaba ya trece años proclamando los principios de la nueva época desde su retiro de Ferney. Aunque el desastre de Lisboa de 1755 había rebajado sensiblemente el optimismo de los ilustrados sobre la felicidad de la vida terrenal, la Ilustración seguía pregonando los mandamientos del nuevo credo: en religión, la tolerancia al menos, o en todo caso, un deísmo; en política, el liberalismo; en la estructura social, la supresión de los privilegios nobiliarios y eclesiásticos. Frente a la naturaleza, la ciencia y la técnica. Frente a la superstición y la mentalidad mágica, la ironía y el ridículo.

En 1751 aparecen los primeros volúmenes de la *Enciclopedia,* la culminación de la sabiduría de los ilustrados franceses, que publicará su último tomo precisamente en 1765; la obra verdaderamente excepcional, que en vano condenaría la Iglesia y que pronto traspasa todas las fronteras, incluidas las pirenaicas. En ella se proclamaban, desde su prefacio, escrito por D'Alembert, los principios de los ilustrados: era un intento de ordenar los conocimientos «... para que nuestros descendientes sean más virtuosos y felices».

Y nuestra pregunta es doble: ¿En qué medida tuvo Jovellanos conocimiento del movimiento ilustrado? Y, por supuesto, esta otra: ¿Hasta qué punto se incorporó al espíritu de la Ilustración?

Tales preguntas, referidas al año 1766, no son fáciles de contestar. Lo que a partir de su etapa sevillana es cada vez más evidente, todavía no resulta seguro para la época de Alcalá. La Ilustración en España, con su peculiar forma de encarar el progreso —siempre fiel a la Iglesia y al Trono—, había dado pasos importantes, precisamente bajo la batuta de Feijoo; por otro lado, alguien que, a su talante ilustrado, unía su nota religiosa —como monje benedictino— y su adhesión a la dinastía borbónica, habiendo gozado siempre de la protección de la Corona. Esa ilustración a lo Feijoo fue la que empezó a conocer Jovellanos. Por otra parte, la amplia fachada marítima hacía que penetraran con facilidad los libros franceses en Asturias, aun los más polémicos, como las novelas de Voltaire *(Zadig, Cándido)* o como el *Contrato Social* de Rousseau, que aparece (no lo olvidemos) en 1762[8].

En cuanto a la Universidad de Alcalá de Henares, tenía ya el prestigio de ser la más innovadora de las castellanas. Sus estudiantes manteístas tenían fama de participar en las nuevas ideas, al tiempo que, por su nota de regalistas, encontraban el apoyo regio. Y de tal ambiente hubo de participar pronto Jovellanos, tan dado, por su carácter reflexivo y moderado, a esa línea liberal y tolerante. Con razón dirá Artola: «No se puede pensar en un aislamiento imposible»[9].

Y ése sería el tema de interminables conversaciones con sus ya entrañables amigos Arias Saavedra y Ceán Bermúdez.

Estaba también la poesía, algo que contará mucho en el alma de Jovellanos. Pues podría afirmarse que Jovellanos anheló siempre alcanzar la categoría de poeta, para lo que no le faltó preparación teórica, si bien le fallaba lo más importante: la inspiración. En todo caso, algo que impregna su vida y que dará un talante especial a su personalidad.

En Alcalá tuvo también ocasión de cultivar esa vena poética. Consciente, sin embargo, de sus limitaciones en este terreno: confesaría más tarde:

> Trepar osé al Parnaso.

Fue entonces cuando inició su amistad con Cadalso (el Dalmiro de su poesía *A Mireo, Historia de Jovino*).

Al menos, estaría en las mejores condiciones de crítico literario, función que más tarde realizaría lleno de interés con sus amigos salmantinos, y en especial con Meléndez Valdés, conforme a su declaración de principios:

> Y pues que no me es dado que presuma
> alcanzar por mis versos alto nombre,
> dejadme al menos en tan noble intento
> la gloria de guiar por la ardua senda
> que va a la eterna fama, vuestros pasos.

---

[8] Francisco Tuero Bertrand, «La Asturias política, administrativa y cultural en los siglos XVII y XVIII», en *Historia de Asturias. Edad Moderna*, I, Vitoria, 1976, págs. 157 y sigs.
[9] Miguel Artola, *Obras* de Jovellanos, estudio preliminar, ed. cit., pág. X.

Sin embargo, Acalá de Henares, «que parecía fundada en obsequio de las Ciencias»[10], no acaba de rendírsele. Sale a oposición una cátedra de Cánones. Era la oportunidad para coronar su carrera eclesiástica y para asegurar su futuro de profesor provinciano, gustoso de cultivar las letras, las tertulias amistosas y la vida tranquila.

Parecía la dirección normal, el destino para el que llevaba tantos años preparándose. Su fama era grande, su preparación notable. Y, sin embargo, Jovellanos sufriría su primera humillación: saldría derrotado.

---

[10] JOVELLANOS, *Elogio fúnebre del marqués de los Llanos;* cfr. ÁNGEL DEL RÍO, introducción a la ed. crítica de las *Obras escogidas* de Jovellanos, Clásicos Castellanos, Madrid, 1955, I, págs. XII y sigs.

3.—Por fin, Madrid

Al llegar a este punto, los biógrafos de Jovellanos pasan sin más a explicar el lance, achacándolo a la animadversión que el opositor se había granjeado entre los estudiantes, por su rigor cuando había tenido que dar su informe sobre nuevos colegiales. En suma, se había desplazado al posible catedrático riguroso en el ejercicio de sus funciones, por el más benévolo.

Y nada más. Después se nos dice ya que, abandonando Alcalá, intentaría ganar una canonjía en uno de los rincones más apartados de España: en la catedral de Tuy.

Abandonar Alcalá por Tuy era algo más que la búsqueda de un destino tranquilo, de la seguridad del pan de cada día.

Algo más, porque ¿podemos olvidarnos de la reacción de aquel joven opositor, que se creyó injustamente suspendido en sus primeras oposiciones? Hasta entonces, Jovellanos había destacado brillantemente en sus estudios. Había sido la admiración de sus camaradas de aula y de sus propios profesores. Sin dificultad, todos habían reconocido sus méritos. Y de pronto, a la hora de las oposiciones a la cátedra, se cruzan intereses distintos a la estricta función académica, y Jovellanos sufre el primer revés. Este hecho, envuelto en el resultado global de los acontecimientos, pasando rápidamente a las aspiraciones a la canonjía de Tuy y, sobre todo, al puesto de alcalde de cuadra de la Real Audiencia de Sevilla —el «cambio de vocación», en los apuntes biográficos que se han trazado sobre Jovellanos—, parece perder su importancia, y, así, no merece ningún comentario.

Y, sin embargo, estamos ante uno de los momentos decisivos de la vida de Jovellanos. A partir de entonces Jovellanos se verá arrastrado a otro tipo de vida —la del político— totalmente distinto, y posiblemente bastante distante de sus aspiraciones y de sus afanes más íntimos.

Por lo tanto, si escribir sobre la vida de una personalidad notable sirve para algo más que para narrar anécdotas, más o menos curiosas, entiendo que es preciso reflexionar, ante todo, sobre esos momentos, que para muchos espectadores pueden pasar inadvertidos, pero que pueden ser decisivos. El fracaso en la oposición a la cátedra de Cánones supuso para Jovellanos unas horas amargas, un despertar a las impurezas de la realidad. Hasta entonces había sido el mejor. Y en aquel momento, pese a que seguía siendo el mismo, se veía rechazado y conocía, de pronto, el sabor amargo de la injusticia. Eso es lo que hace a Jovellanos tomar una decisión: abandonar Alcalá. Aunque sea para un paraje perdido, aunque sea para ir a una ciudad tan pequeña y tan apartada como Tuy. Tiene noticia de que se pone a la lid opositoril una canonjía, y allá se dirige.

Sólo que, al pasar por Madrid, sus amigos y familiares le detienen. Está bien que deje Alcalá. Nada tienen que oponer a ello. Al contrario, pues incluso le animan a un gesto más audaz, a un cambio más radical. Y en ese sentido actúan tanto los familiares como los amigos.

Pero eso fue después. Primero tuvo lugar una crisis interna de Jovellanos, que poco a poco empezó a dudar de su vocación religiosa, de aquel camino que le habían señalado sus padres. La Iglesia podía ser, además de una vocación, una salida, un *modus vivendi;* eso estaba en la más vieja —y más pobre— tradición, pero no satisfacía a Jovellanos. Sin vocación, reducida a una manera de sobrevivir, o como trampolín para hacer carrera en el mundo, la vida eclesiástica se le antojaba sin sentido. Algo de esos escrúpulos debió comunicarlo con sus seres más queridos y con sus amigos más entrañables: con su hermana Josefa, desde luego (su querida Pepa), y con su inseparable Arias de Saavedra. Y ambos le aconsejaron que, si así estaban las cosas, mejor era dejarlo. Cuando Jovellanos llega a Madrid, en el invierno de 1766, sus parientes los marqueses de Casa Tremañes y el duque de Losada poco tienen que hacer para que Jovellanos abandone definitivamente la sotana. Por sus condiciones, por su formación, por todo lo que había en él, presienten que están ante una gran promesa de la España ilustrada.

Y así Jovellanos se olvida de la canonjía de Tuy, se olvida —quizá más difícilmente— de la cátedra de Alcalá, y se conforma, de momento, con engrosar el número de los solicitantes de destino que pululaban en la corte.

Evidentemente, en todo este proceso anda por medio el apoyo y el favor de parientes y de amigos poderosos. Jovellanos era una gran promesa; eso está claro. Pero tuvo la fortuna de encontrar, en el momento propicio, la ayuda necesaria. En los círculos cortesanos donde se movían el duque de Losada y los marqueses de Casa Tremañes pronto se habló de aquella nueva promesa, de aquel joven valor asturiano que, por otra parte, poseía una gran presencia.

> Era de estatura proporcionada —nos dirá su amigo Ceán Bermúdez, que le conocía tan bien—, más alto que bajo, cuerpo airoso, cabeza erguida, blanco y rojo, ojos vivos...

Esos «ojos vivos», que animan todo el retrato del amigo, nos hablan de la profunda espiritualidad de Jovellanos, como su «cabeza erguida» pone de manifiesto la seguridad que empezaba a tener en sus propias condiciones. Jovellanos estaba bien seguro de sí mismo:

> ... pisaba firme y decorosamente por naturaleza —nos añade Ceán Bermúdez—, aunque algunos creían que por afectación.

Tenía don de gentes, a lo que le ayudaba su exquisita cortesía y su voz «agradable y bien modulada». Y, sobre todo, cautivaba porque se veía en él al hombre honesto, que amaba la verdad y la justicia:

> ... religioso sin preocupación, ingenuo y sencillo, amante de la verdad, del orden y de la justicia; firme en sus resoluciones, pero siempre suave y benigno con los desvalidos; constante en la amistad, agradecido a sus bienhechores, incansable en el estudio y duro y fuerte para el trabajo...

Está claro que un hombre de tales condiciones, a los veinticuatro años, era ya algo más que una promesa. En aquella España que parecía rebrotar de sus cenizas, en aquella España en la que ya no cabía quejarse con el viejo lamento de Isabel Clara Eugenia y del conde-duque de Olivares —«¡Faltan cabezas!»—, aquella cuyos hombres de Estado relevantes se habían sucedido, de generación en generación —a Patiño y Campillo, los Ensenadas y Carvajales, a éstos, los Arandas, Campomanes y Floridablancas—, era la que ahora una nueva generación mostraba estar en condiciones de entrar en el juego político, para tomar, cuando llegase el momento, el relevo.

Señor, fijaos en ese joven asturiano que promete. Fijaos en Jovellanos.

Tal vez la advertencia que escuchó en 1787 el poderoso conde de Aranda, que a raíz del motín de Esquilache había sido llamado por Carlos III para ocupar nada menos que el cargo de presidente del Consejo de Castilla. Se trataba de salvar una grave crisis política, y el rey confía el poder al gran patricio aragonés, famoso ya por su formación como ilustrado.

Y Aranda se decide a dar una oportunidad al joven asturiano de quien tanto se ha hablado. El 31 de octubre de 1767 propone al rey a Jovellanos, a través del Consejo de Castilla, para desempeñar la plaza de alcalde del crimen en una de las principales urbes del reino: en Sevilla. Sin embargo, aún tardaría el monarca unos meses en aprobar la designación. Y bien se pueden suponer los nervios del aspirante.

Al fin, el rey firma el nombramiento el 13 de febrero de 1768. La noticia hace feliz a Jovellanos. No obstante, algo le preocupa todavía. Él, preparado en la Gramática y en el Latín; él, que ha sido seminarista, colegial y profesor de la Universidad de Alcalá; él, en suma, que tantos años había gastado en la carrera de la Iglesia, ¿estaría en condiciones de desempeñar aquel elevado cargo de la Magistratura, nada menos que en la Audiencia de Sevilla, cuando sólo tiene veinticuatro años? Más tarde reconocería, sin ambages, su escasa preparación específica para el cargo:

En mis estudios [juveniles] seguí sin elección el método regular de nuestros preceptores. Me dediqué después a la filosofía, siguiendo siempre el método común y las antiguas asignaciones de nuestras escuelas.

Y añadía:

Entré a la jurisprudencia sin más preparación que una lógica bárbara y una metafísica estéril y confusa, en las cuales creía entonces tener una llave maestra para penetrar el santuario de las ciencias... [1].

Había otra dificultad, pero ya de tono menor: la económica. Era preciso equipar al antiguo estudiante de cura con los atuendos que pedía su nuevo destino. Ya conocemos la escasez de fondos de Jovellanos. Pero la dificultad pudo salvarse, gracias al apoyo incondicional de Arias de Saavedra.

Otra vez el amigo acudía al amigo, como lo hace la sangre a la herida, sin necesidad de ser llamada.

Y así Jovellanos pudo afrontar dignamente la prueba.

El sur le estaba esperando.

---

[1] *Discurso sobre la necesidad de reunir al estudio de la literatura el de nuestra historia y antigüedades,* BAE, XLVI, 288; cfr. M. ARTOLA, estudio cit., pág. X.

Parte segunda

El «Cursus honorum» de un ilustrado

1.—El magistrado: la década sevillana (1768-1778)

El sur. La Andalucía opulenta. Sevilla, la ciudad maravillosa de los mil tesoros indianos. Aquel hombre, Jovellanos, viniendo de las indómitas Asturias, iba a cubrir en plena juventud las etapas seculares del pueblo castellano.

Durante siglos, en efecto, los hombres de Castilla habían acudido a la cita del sur, donde estaban la riqueza y la fama. En el siglo XVIII aún quedaba el rescoldo de ese fuego, entre otras cosas, porque aún seguía siendo Andalucía el enlace principal con las Indias Occidentales, con el Imperio español de ultramar. Un imperio, con su base principal sobre la América hispana, que el equipo de gobierno de Carlos III estaba tratando de rejuvenecer.

Y era a ese equipo de gobierno, todavía en uno de sus escalones menores, al que se incorporaba Jovellanos, con sus veinticuatro años recién cumplidos.

En 1768, la monarquía de Carlos III había superado ya la crisis provocada por el motín de Esquilache. Ciertamente no sin pagar un alto precio, pues se consideró involucrada en aquella supuesta conjura a la Compañía de Jesús, lo que provocó la orden de expulsión de todos los dominios hispanos; un duro revés para la enseñanza en España y, sobre todo, para nuestro imperio, en particular en las regiones de Paraguay, donde los jesuitas llevaban una ejemplar tarea evangelizadora con los indios guaraníes.

Era la época en que Europa entera, y por supuesto España, vivía inmersa en la paz de París, que había puesto fin a la guerra de los Siete Años, con el notorio triunfo de Inglaterra: Gibraltar y Menorca seguían siendo inglesas, mientras Inglaterra llevaba a cabo un despliegue impresionante por el mundo de ultramar, personalizado en los viajes de uno de los marinos más famosos de todos los tiempos: Cook. En Norteamérica, se había logrado la expulsión de los franceses del Canadá, librando así de tal amenaza a las trece colonias norteamericanas que se extendían entre Nueva Inglaterra y Georgia. En Asia, la paz de París había desplazado igualmente a Francia de la India. Con el dominio absoluto de los mares, la armada inglesa pudo lanzarse a las navegaciones en las antípodas, poniendo la planta en Australia y Nueva Zelanda. Ante tan formidable empuje, a España le era preciso evitar otro enfrentamiento directo que pusiese en peligro sus dominios de ultramar, tanto en las dos Américas, desde Río Grande hasta la Patagonia, como en los pequeños reductos hispanos del Pacífico, en particular las islas Filipinas.

La paz de París había traído para España las penosas consecuencias de la alianza con Francia (aquellos pactos de familia entre las dos grandes monarquías borbónicas). La guerra había supuesto la pérdida de La Habana y de Manila, como si fuera un 98 anticipado en ciento treinta y cinco años; para recuperarlas, nuestros diplomáticos tuvieron que ceder La Florida, los territorios colonizados al este del Misisipí y la colonia de Sacramento, limítrofe con Uruguay, recibiendo por parte de Francia la dudosa compensación de la Luisiana. En suma, la paz de París en el exterior y el motín de Esquilache en el interior ponían de manifiesto la debilidad con que iniciaba su andadura el reinado de Carlos III.

A ese desplome trataría de poner fin el gobierno del enérgico conde de Aranda.

Un estilo nuevo iba a imponerse con aquel ministro español, con el que parecía ya que terminaba la etapa napolitana que había caracterizado los primeros años del gobierno de Carlos III.

Ese nuevo estilo iba a plasmarse también en las formas. Cuando Jovellanos se dispone a partir para su nuevo destino sevillano, pide una entrevista al presidente del Consejo de Castilla. Tal hecho, junto con lo que allí ocurrió, nos demuestra que, para entonces, Aranda se había fijado cuidadosamente en el nuevo magistrado. Acogiéndolo con particular afecto, le aconsejaría que desterrara los viejos usos de la Justicia, simbolizados en aquel «pelucón de los golillas».

Así lo haría Jovellanos, con un cierto aire de petulancia juvenil; pero también como una declaración abierta de su adhesión a los principios de la Ilustración, tan notoriamente encarnados por su protector, el conde de Aranda.

En cuanto a Sevilla, seguía siendo en el siglo XVIII una de las grandes ciudades de la monarquía. Poseía todos los atributos de una gran urbe, con su Audiencia real, que se remontaba a la Baja Edad Media, con jurisdicción sobre toda la Andalucía occidental y las islas Canarias; con su arzobispado, considerado como el más rico de las Españas, después del de Toledo; con su universidad, fundada en tiempo de los Reyes Católicos; con su Casa de Contratación. Y también por su activo comercio y, sobre todo, por su antiquísima historia y por ser foco cultural de primer orden. El régimen borbónico la había dado aún mayor realce, al hacerla sede de una de las nuevas intendencias, con jurisdicción sobre toda Andalucía.

Ese cargo de intendente estaba ocupado, al llegar Jovellanos a Sevilla, por un personaje que ya era famoso por su progresismo: Pablo de Olavide. En su tertulia —una de las famosas, no sólo de Sevilla, sino de toda la monarquía— tendría ocasión Jovellanos de hacer patente su cultura, su urbanidad y su ingenio.

El sur. La tierra del sol.

Y en su centro, Sevilla. Para entonces, en aquellos mediados del siglo XVIII, las clases acomodadas hacían ya un pequeño turismo. Para los ingleses no debía faltar en la formación de la juventud noble o adinerada, el gran viaje por el continente, en el que París y Roma eran visitas obligadas. Los alemanes también querían recorrer los famosos burgos italianos: la Ciudad Eterna, Florencia, Venecia, Nápoles. En cuanto a los franceses, aparte de los que se asomaban a los lagos suizos o a los bosques de Viena y, por supuesto, a las magnificencias italianas, estaban los más atrevidos, para quienes España suponía la aventura. Ya era la España pintoresca, que había descrito con caracteres engañosos la condesa D'Aulnoy[1]. Ese viajero tenía la fascinación de visitar al cuerpo de un imperio que se desmoronaba, como si fuera posible asistir a la caída de otro imperio romano. Bien es cierto que se decía que la nueva dinastía de los Borbones estaba afianzando la monarquía,

---

[1] GABRIEL DE MAURA y AGUSTÍN GONZÁLEZ AMEZÚA, *Fantasías y realidades del viaje a Madrid de la condesa D'Aulnoy* (Madrid, s. a., ed. Calleja).

con una serie de reformas en todos los órdenes de la vida: las políticas, mas también las económicas y las culturales; pero por eso también la visita a España resultaba interesante, para ver qué había de cierto en ello, tal como nos confiesa el abate Vayrac, en su *État present de l'Espagne,* que aparece en París en 1718.

Y es que para los franceses, asistir a ese resurgimiento hispano, de la mano de los Borbones, era como un testimonio de su propia grandeza, como un ejemplo de que el modelo francés era el que se ajustaba a los tiempos del progreso. De ahí que arrostraran los riesgos de un viaje que, a lo menos, se anunciaba incómodo, cuando no peligroso. Los caminos eran malos y los alojamientos peores. Bourgoing, aquel prototipo de embajador capaz de representar lo mismo a la Francia del despotismo que a la de la naciente y gran Revolución, lo señalaría terminantemente, en su espléndido *Tableau de l'Espagne moderne,* que si aparece en París a principios del siglo XIX (en 1803), es fruto de las observaciones realizadas desde sus primeros viajes a España en 1777. Si los caminos eran malos, las posadas resultaban peores:

> ... ce à quoi il s'accoutume moins facilement, ce sont les auberges de l'Espagne, qui sont en général dépourvues de toutes ressources. On y est mal logé, mal couché, mal servi [2].

Por esos malos caminos de la España dieciochesca, antes de las reformas de Floridablanca [3], no transitaban aún las diligencias. Bourgoing, cuando entra por primera vez en 1777, ha de cambiar en la frontera su carruaje por un coche, llamado de colleras, tirado por seis mulas; un carruaje nada cómodo, aunque sólido:

> Es un carruaje más sólido que cómodo —comenta en su *Tableau de l'Espagne moderne*—, arrastrado por seis mulas

---

[2] BOURGOING, *op. cit.,* I, pág. I,37; cfr. mi estudio, *Aportaciones a la historia del turismo en España. Relatos de viaje desde el Renacimiento hasta el Romanticismo,* Madrid, 1956, páginas 111 y sigs.

[3] Floridablanca dio un gran impulso a la mejora de las grandes vías nacionales, especialmente las que unían Madrid con Irún y con Cádiz; impulso bien reconocido por Bourgoing, que resalta los avances logrados entre su primer viaje, de 1777, y los posteriores, cuando ya empezaba a sentirse la benéfica acción del gran ministro español, entre 1777 y 1792, el año de su caída.

Algo se había hecho anteriormente, sobre todo bajo Fernando VI, en la carretera de Madrid a Galicia y en el tramo entre Reinosa y Santander (en este caso, por fines militares). Todavía, en el alto del puerto de Guadarrama, hoy llamado de los Leones, puede verse una columna conmemorativa, con esta inscripción: «Ferdinandus VI Pater patriae viam utrique Castellae superatis montibus fecit anno salutis MDCCXLIX, regni sui IV.»

que no tienen más freno ni más acicate que la voz de sus conductores. Viéndolas unidas entre sí y a la lanza del coche con simples cuerdas, vagar como a la ventura por los tortuosos caminos de la Península, el viajero se cree abandonado en manos de la Providencia; pero al menor asomo de peligro un grito del mayoral basta para contener y dirigir a los dóciles animales... [4].

Esas «comodidades» y esos riesgos no eran exageraciones de extranjeros para calumniar España; era algo reconocido por los propios españoles de la época, como Cadalso, que en sus *Cartas marruecas* nos daba esta descripción del accidente de un supuesto viajero marroquí:

> Como los caminos son tan malos en la mayor parte de las provincias de tu país, no es de extrañar que se rompan con frecuencia los carruajes, se despeñen las mulas y los viajantes pierdan las jornadas... [5].

Estaban, además, los peligros de los asaltos de los bandoleros, particularmente peligrosos en las soledades de Sierra Morena. Precisamente, en 1767, Carlos III decretaba la repoblación de la ruta andaluza, en la zona de Sierra Morena, con colonos alemanes —futuros enclaves urbanos de La Carolina, La Carlota, La Luisiana—, pero que cuando Jovellanos se pone en camino aún estaban lejos de ser una realidad.

Podemos hacernos una idea de los carruajes de mulas o de colleras, así como de los peligros de los viajes de entonces, por el célebre cuadro de Goya. El carruaje está detenido en medio de un camino fragoso y arbolado. A él están uncidas tres mulas con sus colleras. El carruaje tiene dos partes: una delantera, al descubierto, es la del cochero; la otra, atrás, es la de los viajeros, cubierta para resguardarlos de las inclemencias del tiempo y del polvo del camino, con capacidad para seis u ocho pasajeros.

La pintura tiene otra lectura: el asalto de los bandidos. Uno de ellos acomete, puñal en mano, a un viajero; otros dos sopesan el botín capturado; y un cuarto vigila toda la escena desde el pescante del cochero, armado con un trabuco. El destino de los viajeros es

---

[4]   Véase la trad. de su relato, en GARCÍA DE MERCADAL, *Viajes de extranjeros por España y Portugal,* III, 934.

[5]   Carta LXIX, «De Gazel a Nuño», en *Cartas marruecas,* ed. Tamayo y Rubio, Clásicos Castellanos, Madrid, Espasa-Calpe, 1956, pág. 169.

en este caso el robo con violencia. El cochero ha sido muerto, un caballero yace también con la espada en la mano —signo de que trató de resistirse a los bandidos—, otro se debate, llevando la peor suerte, con el bandido del puñal en la mano, mientras otros dos suplican por sus vidas, de hinojos ante los bandidos[6].

En uno de esos carruajes de collera, pues, y arrostrando tamaños peligros, partió Jovellanos para Sevilla, cuando daba sus boqueadas el invierno, y ya de cara a la tibia primavera andaluza, en marzo de 1768. Jovellanos tenía veinticuatro años y el riesgo no haría sino dar emoción a su traslado. Ante su retina desfilarían los diversos paisajes de Castilla la Nueva: la floresta de Aranjuez, las llanuras sin fin de la Mancha —que le harían evocar la imagen de don Quijote—, los viñedos de Manzanares y las temibles soledades de Sierra Morena «espanto de viajeros», en términos de Bourgoing. Pasados Bailén y Andújar, pronto avistaría el Guadalquivir. En Córdoba, la corta parada apenas le permitiría asomarse a la maravillosa mezquita. Después Écija, Carmona y, al fin, Sevilla. En suma, un viaje de no menos de diez jornadas, que le dejaría molido, aunque feliz, en su nuevo destino de magistrado.

Sevilla seguía siendo en el siglo XVIII la primera urbe de Andalucía y su cabeza natural, reconocida así por el Gobierno de Carlos III al hacerla sede de la intendencia que tenía por jurisdicción los cuatro reinos andaluces. Era, ya lo hemos dicho, la segunda capital de la monarquía, pues aún Barcelona no la había desplazado. Seguía siendo famosa por sus monumentos: la catedral, reputada como una de las más grandiosas de toda la cristiandad; la torre de la Giralda, modelo de tantas otras en media España; el regio Alcázar, mandado alzar por Pedro I, de huella musulmana; la Casa de Contratación; el Ayuntamiento, de sabor renacentista —la notable obra de Riaño—, e infinidad de palacios de la alta nobleza: el de las Dueñas, el de los duques de Osuna y, sobre todo, la incomparable Casa de Pilatos, o palacio de los duques de Alcalá, con su maravilloso patio en que se entremezcla la gracia del arte musulmán con la elegancia del estilo renacentista. Sin olvidar, claro, la Torre del Oro, asomándose al Guadalquivir.

Y Jovellanos pronto se sintió cautivado por Sevilla, por el encanto de esa ciudad fascinante: por sus plazuelas y sus calles, como las que vuelven y revuelven en el barrio de Santa Cruz. Por

---

[6] GOYA, *El asalto del coche* (colección duque de Montellano). El cuadro está pintado en 1786-1787, en las postrimerías, por tanto, del reinado de Carlos III. El cuadro es de tal verismo que seguramente corresponde a una escena vivida por el mismo Goya.

sus flores y por sus jardines, por todo el sabor histórico que fluía hasta él desde la antigua Bética, con la vista del Guadalquivir, por el atractivo de sus gentes, con ese señorío del pueblo andaluz heredero de tantas grandezas. Y, sin duda, por sus mujeres. Todo estaba preparado para que aquel joven magistrado asturiano se rindiese al amor, y Jovellanos se rendiría.

Ahora bien, Jovellanos en Sevilla sería, sobre todo, el magistrado, con su oficio de alcalde del crimen. Y ha de aplicar una legislación, a menudo confusa y contradictoria, para combatir la delincuencia. Una legislación que parecía hecha, ante todo, para defender bárbara y cruelmente la propiedad.

Se comprenden los escrúpulos de Jovellanos.

El magistrado

Jovellanos no va a ocupar un destino cualquiera. Ser alcalde del crimen en la Audiencia de Sevilla, que se pareaba en importancia con las chancillerías de Valladolid y de Granada, dentro de la Corona de Castilla, y serlo a los veinticuatro años, no era negocio baladí. Es un puesto ya de suma responsabilidad, es el primer escalón, pero importante, para ascender en el *cursos honorum,* que puede llevar al joven asturiano a los más altos cargos dentro del Estado. Eso lo sabe Jovellanos, lo esperan sus parientes y amigos y lo pronostica su gran protector del momento, el conde de Aranda.

Lo cual quiere decir que Jovellanos ha tomado partido, que se integra plenamente en el régimen político de Carlos III. Será a partir de ese momento, y en un gradual ascenso, un soporte del sistema del despotismo ilustrado, en una de sus partes esenciales: en la Justicia. Porque se tenía por cierto que la Justicia, conforme al lema glorioso de los Reyes Católicos, era lo que afianzaba la monarquía: «Justitia fundamenta regnorum est.»

Con lo cual, al tiempo que se establecía una justificación de sabor populista, se establecía una curiosa confesión. Porque, ¿de qué justicia se trataba? En una época en la que se mantenía el privilegio a favor de nobles y clérigos, por encima del común del pueblo; en unos tiempos en que se consideraba que la confesión más segura venía confirmada a través del tormento (del que se excluía precisamente al sector privilegiado), la justicia parecía como el mejor modo de mantener todos los defectos del Antiguo Régimen.

Todo ello ocurría cuando precisamente los mejores espíritus de la Ilustración estaban clamando contra los abusos de aquel sistema. En 1762, Rousseau denunciaba en *El contrato social* unas leyes hechas a espaldas del pueblo que las sufría:

> Le Peuple soumis aux lois —proclamaba— en doit être l'auteur; il n'appartient qu'à ceux qui s'associent de régler les conditions de la societé...

Tres años más tarde, Voltaire, en su interesantísimo *Diccionario filosófico* —pronto condenado al fuego por las autoridades ginebrinas, pero cien veces reeditado—, comentaría, con aquella ironía que le caracterizaba, que todos los países se regían por un sistema de leyes tan malas, que lo mejor que podía ocurrir es que fueran destruidas, para establecer otras mejores; al igual que Londres no había podido convertirse en una ciudad hermosa hasta que un pavoroso incendio la había consumido casi por completo[7]. Y ello porque el legislador había actuado conforme a las necesidades del momento o por su propio interés. De ahí su sentencia:

> Si queréis tener buenas leyes, quemad las antiguas y redactadlas de nuevo[8].

Naturalmente, Voltaire tenía que denunciar el oprobioso sistema de la tortura, por el cual podía salvarse el culpable robusto, pero se perdía irremisiblemente el débil inocente[9].

Todo ello estaba en línea con lo que había defendido Montesquieu, en su *De l'esprit des lois,* en 1748, para el que la libertad del individuo —que era su gran combate— se hallaba en estrecha relación con el rigor de las penas, censurando que, en las monarquías de su tiempo, el legislador se preocupase más de castigar los delitos que de prevenirlos[10].

Y finalmente Beccaria, que venía a ser la novedad en aquellas materias, de quien todo el mundo culto hablaba, a partir de la

---

[7] Se refiere al terrible incendio de 1666.

[8] *Diccionario filosófico: Leyes,* en *Obras selectas,* Buenos Aires, 1965, pág. 399.

[9] *Ibíd.,* pág. 558.

[10] Véase la aguda interpretación de Montesquieu que hace FRANCISCO TOMÁS Y VALIENTE en su notable libro *El derecho penal de la Monarquía absoluta,* Madrid, Tecnos, 1969, págs. 95 y sigs.

aparición de su famoso libro *Dei delitti e delle pene,* en 1764, en donde se muestra partidario de suprimir no sólo el tormento, sino también la pena de muerte, y donde vuelve a recoger la idea de Montesquieu a favor de prevenir el delito, antes que de buscar el rigor en la condena.

Por lo tanto, en esos años de la década de los sesenta *(El contrato social,* 1762; *Dei delitti e delle pene,* 1764; *Diccionario filosófico,* 1765), las mejores cabezas de la Ilustración han denunciado los abusos de la justicia del Antiguo Régimen. Y Jovellanos tiene noticia de ello, directa o indirectamente. En qué medida actúan sobre él, es lo que interesa destacar. ¿Qué pesará más, la defensa del régimen, haciendo cumplir las leyes injustas, o el espíritu de la Ilustración? En un sistema en el que las leyes eran injustas, el trato a los supuestos delincuentes cruel y las cárceles siniestras, la perspectiva de actuar como magistrado podía ser, o una complicidad degradante, o una lucha permanente en pro, ya que no del aniquilamiento, al menos de la mejora posible del sistema.

Jovellanos optaría desde el primer momento por ese combate, aun dentro del respeto al sistema. Procurará la mejora de las cárceles, humanizará el interrogatorio del reo; pedirá la supresión del tormento; en suma, planteará al Gobierno la reforma total de la administración de la Justicia [11].

Es en este orden de cosas en el que hay que situar una pieza dramática de Jovellanos, de escaso valor literario, pero muy representativa del momento en que vive: *El delincuente honrado.* La obra es de 1774, y se ha germinado en esos primeros años de su experiencia como magistrado. En ella se plantea Jovellanos el rigor con que la ley trataba a los que entraban en un desafío, dispensando el mismo trato al que retaba que al que aceptaba el desafío; para Jovellanos, las circunstancias no eran las mismas, ya que el retador era el que podía acudir a la Justicia, en vez de desencadenar el duelo. Pues en otro caso, ¿qué podía hacer el retado? Y Jovellanos comentaba:

---

[11] M. ARTOLA, *op. cit.,* estudio preliminar, pág. XIV: «... sus primeros escritos —especialmente los fechados en el mismo año de su llegada a la ciudad del Betis— reflejan otra de las facetas típicas del ilustrado: el humanitarismo. La estructura de la máquina judicial no cabe duda que sorprende a su espíritu y no tarda en mostrar su disconformidad, abogando por su reforma.»

... en un país donde la educación, el clima, las costumbres, el genio nacional y la misma constitución inspiran a la nobleza estos sentimientos fogosos y delicados a que se da el nombre de pundonor... ¿será justa la ley que priva de la vida a un desdichado sólo porque piensa como sus iguales; una ley que sólo podrán cumplir los muy virtuosos o los muy cobardes?

Con ello Jovellanos, como comenta Tomás y Valiente, no trataba de justificar el desafío, sino de buscar las atenuantes que afectaban al provocado [12]; en suma, es el magistrado que desea algo más que aplicar una ley indiscriminadamente, con clara lesión de los principios de la auténtica justicia.

Él mismo nos dirá los objetivos que se había planteado, en carta escrita a su traductor francés, el abate de Valchrétien: denunciar «la dureza de las leyes». El alcalde del crimen entraba en lid con el hombre ilustrado, y de sus congojas tratará de liberarse, poniendo en escena un magistrado «filósofo, ilustrado, virtuoso y humano». Y así expresa Jovellanos sus sentimientos y cuánto sentía el peso de su cargo. Y dice del magistrado, esto es, de él mismo:

Di el primer lugar a un magistrado filósofo, ilustrado, virtuoso y humano. Ilustrado, para que conociese los defectos de las leyes; virtuoso, para que supiera respetarlas; y humano, para que compadeciese en alto grado al inocente que veía oprimido bajo su peso [13].

Jovellanos, el buen juez de Sevilla, no se limita a la aplicación de la ley; trata de ver en el delincuente al hombre, para comprender su reacción y encontrar sus atenuantes. Famoso sería el juicio contra un pobre desesperado que había matado a su mujer, que estaba embarazada. Jovellanos llegó a la conclusión de que había sufrido un ataque de locura, un «frenesí de zelotipia» [14]. Su fama de magistrado probo y humanitario llega a Madrid, donde Aranda reconocerá su labor, consiguiéndole un ascenso: oidor de la Audiencia sevillana. Tal ocurría en 1774, cuando Jovellanos cumplía los treinta años.

---

[12] F. TOMÁS Y VALIENTE, *El derecho penal...*, pág. 79.
[13] ÁNGEL DEL RÍO, introducción *op. cit.*, I, pág. XVIII.
[14] VICTORIA FERNÁNDEZ y PACO ABRIL, *Famosos personajes asturianos de todos los tiempos*, Gijón, 1978, pág. 118.

La tertulia de Olavide

Jovellanos tuvo la fortuna de coincidir en Sevilla con uno de los políticos ilustrados de mayor empuje: el peruano Pablo de Olavide.

Era por entonces Pablo de Olavide un poderoso personaje, muy adicto al enciclopedismo francés, que ante los ministros ilustrados españoles tenía el prestigio de su estancia en Francia, de su conocimiento directo de Voltaire —habiendo sido recibido por el filósofo francés en su mansión de Ferney— y por su importante biblioteca, donde se podía tener acceso a todo el pensamiento ilustrado europeo. Eso explica su amistad con el conde de Aranda, y que en 1787 sea nombrado nada menos que intendente de los cuatro reinos andaluces. Eso era hacer de él una especie de virrey de Andalucía. Pronto su casa sevillana se convirtió en una de las principales tertulias, no ya de Sevilla, sino de toda España. Y, justo, a poco de todo esto llegaba Jovellanos y era admitido en los salones de Olavide.

Pese a su juventud, Jovellanos pronto toma parte activa en aquella dinámica tertulia. Precisamente sus años de Sevilla están marcados por su producción literaria, incluida la poesía. Ya aludimos antes a su obra de teatro *El delincuente honrado*. Ahora hemos de recordar «los entretenimientos juveniles», como más tarde titularía a sus poesías de la etapa sevillana.

No faltan los versos amorosos, escasos de calidad poética, pero que sacan al exterior los afanes de aquel hombre ansioso de amar, y al que su profesión obligaba a una apariencia severa, que estaba muy lejos de sentir. Es notable circunstancia que los envíe a su hermano preferido, a Francisco de Paula, con esta justificación, que tan al descubierto nos pone sus sentimientos:

> La poesía amorosa —le dirá— me parece poco digna de un hombre serio, y aunque yo, por mis años, pudiera resistir todavía este título, *no pudiera por mi profesión, que me ha sujetado desde una edad muy temprana a las más graves y delicadas obligaciones* [15].

Un magistrado ilustrado podía muy bien alternar en la tertulia de Olavide y tratar de brillar con sus versos propios, donde se

---

[15] ÁNGEL DEL RÍO, introducción, *op. cit.*, pág. XIX.

hicieran patentes su sensibilidad y su cultura. Pero aquí lo que importa es ver que tras todo ello late una pasión amorosa.

Ya tenemos, pues, a Jovellanos poeta y enamorado. Amó, sin duda, posiblemente a una de las mujeres del entorno familiar de Olavide. Quizá fuera la suya una pasión prohibida por las mismas leyes que él había de garantizar su cumplimiento. Quizá por ello, o por verse rechazado, se cerrará a partir de entonces en una dolorosa soledad.

En 1776, algo hace crisis en Jovellanos. Los versos amatorios serán relegados. No su amor a la poesía, a la que señala objetivos muy distintos. Es cuando escribe su epístola dedicada al grupo de poetas que, con Meléndez Valdés como figura más destacada, daban lustre a Salamanca. La poesía debía aspirar a cantar lo que de noble había en la vida: la patria, las virtudes de los filósofos, las hazañas de los héroes; en suma, algo con sabor épico, desechando ya lo bucólico del «caramillo pastoril». Y de nuevo, como justificando y lamentando a un tiempo las obligaciones que le imponía su cargo, ahora mayores aún, puesto que había ascendido a la gravedad de todo un oidor, dirá de sí mismo que «penetrado del forense rumor», como se hallaba,

> ... conmovido por el llanto del preso, de la viuda y del huérfano inocente, en vano presumiera lanzar acentos dulces.

Se mostraba lector impenitente, en especial de los autores franceses, a los que saboreaba en su propia lengua. Incluso traduciría a Montesquieu. Pero no se limitaría al culto a Francia. De hecho, cualquier admirador de la Ilustración francesa acababa viéndose atraído por los ilustrados ingleses. No en vano Voltaire mostraba constantemente su admiración a Inglaterra, cuya constitución política superaba tan notoriamente a las monarquías europeas del despotismo ilustrado.

Y, a fuer de patriota, Jovellanos también se refugiaría en los clásicos nacionales: en la poesía, Garcilaso o fray Luis; en el teatro, Calderón; en la novela, Cervantes. Por supuesto que, como un tributo a los gustos neoclásicos de su tiempo, desdeñaba los barroquismos de Góngora y similares. En todo caso, ofendido por los juicios despectivos que la Francia dieciochesca expresaba sobre la cultura española, el patriota que había en Jovellanos saldría pronto en su defensa, y así lo indicaba a su traductor, el abate de Valchrétien:

> Séame lícito ahora decir alguna cosa en defensa de mis compatriotas... [16].

Francia, pero también Inglaterra. En el horizonte de los nuevos ilustrados no podía olvidarse a la nación que tenía la originalidad de mantener un Parlamento, y la grandeza de poseer a un Milton. Jovellanos, buen latinista, buen conocedor también de la lengua francesa, descubre su ignorancia del inglés, y trata de remediarlo. Estudia sin descanso la lengua inglesa. Incluso tiene arrestos para traducir nada menos que el primer canto del *Paraíso perdido,* la épica obra de Milton. Estaba, además, la economía política, la ciencia nueva tan necesaria para todo aquel que aspirase a reformar su patria, y en la que los ingleses eran la autoridad suprema, empezando por Adam Smith. Por lo tanto, era preciso rellenar aquella laguna, y Jovellanos se pondrá a ello con una energía infatigable, como si quisiese huir de otros problemas. El poeta enamorado daría paso al economista reformador. Empezó a interesarse también por los tratadistas hispanos: arbitristas, como Caxa de Leruela o como Martínez de la Mata, Sancho de Moncada y Navarrete; pero también con escritores políticos de la talla de Saavedra Fajardo.

Estudió, comparó, reflexionó. Y fruto de ello sería una meditada carta al ministro Campomanes sobre un tema de sempiterna actualidad: la Hacienda.

Ello ocurriría en 1777. Para entonces, en el mundo estaban ocurriendo grandes cosas, y a una velocidad increíble. En 1775, las colonias inglesas de Norteamérica se habían rebelado contra Londres, por su gobierno despótico en ultramar. En 1776, el 1 de junio, se proclamaba la *Declaración de Derechos* de Virginia, donde la influencia de Rousseau era palmaria; un mes más tarde, el 4 de julio, se producía la declaración de la independencia de los Estados Unidos.

En España también había novedades, de menos alcance, pero de bastante trascendencia. En 1773 había caído Aranda. En 1777, Floridablanca iniciaba su largo mandato de la nación, que duraría quince años. Un año antes, la Inquisición rediviva había iniciado proceso contra el todopoderoso Olavide, quien sería sometido a

---

[16]   ÁNGEL DEL RÍO, introducción *op. cit.,* pág. XXIII.

un autillo de fe en 1778 y despojado de todos sus cargos políticos.

Aquel mismo año, Campomanes lograba sacar a su paisano Jovellanos de Sevilla, consiguiéndole en Madrid la plaza de alcalde de Casa y Corte.

Jovellanos saldría llorando de Sevilla, pero lo hacía a tiempo; que no en vano había destacado tan notoriamente en la tertulia del execrado Olavide.

Y, de hecho, la España ultra no lo olvidaría.

Para él sería como el adiós a sus años de poeta y enamorado. Y no podría menos de contarlo así en otra epístola:

> Voyme de ti alejando por instantes,
> ¡oh gran Sevilla!, el corazón cubierto
> de triste luto y del continuo llanto
> profundamente aradas mis mejillas.

Hacía diez años que había llegado a Sevilla, cuando todo el mundo le señalaba en las calles como «el joven magistrado» que se había atrevido a romper con la rutina, despojándose de la ridícula peluca hasta entonces al uso. Había entrado en Sevilla temeroso, y salía de ella llorando:

> Voyme de ti alejando y de tu hermosa
> orilla, ¡oh Sacro Betis!, que otras veces,
> en días, ¡ay!, más claros y serenos,
> era el centro feliz de mis venturas [17].

Dejaba amigos. Dejaba quizá la silueta de una mujer enamorada. Llevaba consigo recuerdos imborrables. Pero era preciso avanzar. La etapa sevillana quedaba cumplida. A sus treinta y cuatro años, en la plenitud de su virilidad, la corte, Madrid, le estaban aguardando.

Sevilla. La ciudad del Guadalquivir. Sevilla la blanca. Sevilla la llana. Maravillosa Sevilla —«quien no ha visto Sevilla, no ha visto maravilla»—. Durante diez años, en la fuerza de la virilidad, Jovellanos vive la gran urbe andaluza, si bien un poco prisionero de la gravedad de su cargo. Es posiblemente el magistrado más joven que existe en España. Es una personalidad a la que pronto conocen los sevillanos, tanto los de los encopetados salones (y no

---

[17] Epístola de *Jovino a sus amigos de Sevilla*.

ya por su cargo, sino por su cuna) como los que viven al borde mismo de la ley.

Jovellanos es un hombre creyente, es un ilustrado al modo de Feijoo. De forma que asiste a las ceremonias religiosas oficiales que se celebran en la catedral (esa grandiosa catedral, orgullosa de ser la segunda en amplitud de todo el orbe católico, al igual que es la segunda en rentas de toda España), y también a las misas domingueras de su parroquia. En los meses primaverales, lo mismo que en el tibio invierno o el apacible otoño, Jovellanos gustará de transitar por esas calles y callejas sevillanas, tan distintas a las de su Gijón natal; distintas, en primer lugar, por su grandeza, ya que Gijón no era en el siglo XVIII más que una pequeña urbe, mientras que Sevilla era entonces una de las grandes ciudades de España, y aun de Europa entera; pero también distintas por esa carencia de cuestas. En Sevilla se camina sin esfuerzo, el pasear es un placer. La mole inmensa de la Giralda, la Casa de Contratación, el Alcázar regio, con sus regios jardines, el dédalo de callejas de la Judería que desembocan en la plaza de Santa Cruz, constituyen todavía uno de los espectáculos más admirados por el turismo internacional. Todo ese encanto lo tenía ya —y quizá en mayor grado— la Sevilla de Olavide y de Jovellanos. Cierto que a partir de finales del siglo XVI la ciudad había entrado en un largo sopor, en una decadencia de la que entonces trataba de salir. Precisamente durante su estancia se funda la Sociedad Económica Sevillana de Amigos del País, en la que Jovellanos participa; se conoce su discurso de ingreso, que está en la línea de sus afanes reformadores.

He vuelto a Sevilla para evocar allí al gran patricio. He deambulado otra vez por sus calles y plazas: calle de la Vida, calle del Agua. La poesía está en el ambiente de esta ciudad maravillosa, en la gracia de su gente, en el blancor de sus casas, en el aire perfumado de sus jardines. Se comprende que Jovellanos tratara aquí, a sus veintiocho o treinta años, de ser poeta, que buscara la poesía casi desesperadamente, por cuanto que ése era un don que admiraba, pero que le resultaba inasequible.

Por otra parte, Sevilla parece una ciudad hecha para el amor. Otro mundo que había de cerrársele al joven magistrado. Amó, de eso estamos seguros; pero también aquí sufriría una dura experiencia. Y una experiencia que le dejaría marcado, quizá porque fuera un amor imposible, un amor prohibido. Probablemente a Jovellanos, quizá por lo temprano de la gravedad del cargo de magistrado, quizá por la impronta de los años de adolescencia dedicados a prepararse para la Iglesia, a Jovellanos, repito, le faltó esa punta de audacia en el trato amoroso, esa pizca de osadía que tan necesaria es en las batallas del amor. Una osadía que si algunas veces da lugar a batacazos impresionantes, cuando el que ama mide mal el terreno que pisa, también es cierto que puede abrir puertas insospechadas, permitiendo entrar a fondo en la guerra del amor; mientras que Jovellanos apenas si tanteó algunas escaramuzas, de las que parece ser que salió malparado.

A partir de entonces, Jovellanos viviría sólo para su patria. A fin de cuentas un amor grande, en el que su corazón maltratado buscó refugio.

El amor de los patriotas, que en él viviría lo que su vida. Pero seguiría recordando aquella Sevilla de su juventud. Siempre la recordaría, como una especie de paraíso perdido:

> Voyme de ti alejando y de tu hermosa
> orilla, ¡oh Sacro Betis!, que otras veces,
> en días, ¡ay!, más claros y serenos,
> era el centro feliz de mis venturas...

2.—A la conquista de Madrid

En 1778 hace ya cinco años que Aranda ha perdido el poder, pero Jovellanos ya ha dejado de ser una promesa. Su valía es ya reconocida en la corte, así que no es difícil que se piense para él en uno de los puestos de mayor responsabilidad: el de alcalde de Casa y Corte. Se dice que a ello le ha ayudado una mano amiga, en este caso la del poderoso Campomanes, que además era asturiano, como el propio Jovellanos.

Lo que no cabe duda es que la etapa sevillana, esos diez años pasados en la ciudad del Betis, ya habían dado bastante de sí. Era una etapa cumplida. Por otra parte, el enojoso final de Olavide y su caída en desgracia podía tener peligrosas consecuencias. Aunque el Santo Oficio de la Inquisición vivía como adormilado, sus reacciones aún podían ser peligrosas, y nunca se sabía si la amistad de Jovellanos con Olavide podía acabar siendo fatal para el futuro del joven magistrado.

Por lo tanto, lo mejor era poner tierra por medio, dejar Sevilla a las espaldas y encararse con el futuro.

Ese futuro, para el que deja la vida provinciana —aunque sea la de Sevilla— sólo tiene una posibilidad: triunfar en la corte.

Esto es, conquistar Madrid.

Donde el autor canta a Madrid

Madrid. El Madrid de Carlos III, entre castizo y moderno, con su plaza Mayor —la más hermosa de España, hasta que se logra la de Salamanca, y precisamente por estas fechas—, con su barrio cortesano, cerca del Palacio Real —calle Mayor, calle de Santa Cruz, plaza de la Villa— y su barrio chulapón y populachero: calle de la Ballesta, calle de Ave María, calle de Lavapiés—. Madrid, centro de España desde hacía ya más de dos siglos, donde Cervantes había impreso la obra cimera de la literatura patria «en la imprenta de Juan de la Cueva», y donde Lope de Vega y Calderón habían estrenado sus mejores piezas dramáticas: *Peribáñez y el comendador de Ocaña, El caballero de Olmedo, Fuenteovejuna, La estrella de Sevilla, El mejor alcalde el rey* y tantas otras debidas a la pluma lopesca; y *La vida es sueño, El alcalde de Zalamea, El médico de su honra* y numerosos autos sacramentales, obra de la inspiración calderoniana. Donde Góngora y Quevedo habían rivalizado en ingenio; donde Velázquez había llevado el arte español a su cima.

Un Madrid, a decir verdad, poco monumental, que no se correspondía con la grandeza del imperio que encabezaba, que todavía en el siglo XVIII no tenía parangón posible, sobre todo desde que en 1775 las colonias americanas habían iniciado su rebelión frente a Inglaterra.

Precisamente es la época en la que Carlos III se decide a hermosear Madrid, convirtiéndose así en lo que se ha llamado el mejor alcalde de la villa y corte. Ahí está la *Puerta de Alcalá,* espléndida, monumental, venciendo el paso de los años, y aun de los siglos. Ahí están las grandes fuentes del paseo del Prado: *La Cibeles* y *Neptuno,* entre las mayores, pero no las únicas. Ahí está, en fin, el majestuoso *Palacio de Oriente,* la obra de Sabatini que coloca a la monarquía española entre las mejor aposentadas de Europa entera.

Cierto que Madrid tenía un modesto río, que era objeto de la burla de todos los satíricos, aunque la monarquía hubiese alzado algunos puentes monumentales, como para dignificar su curso: el *Puente de Segovia,* y aún más hermoso, el *Puente de Toledo.* Pero tenía algo que la hacía hermosa y atractiva: la luz. El aire de la sierra, esas montañas azules de los cuadros velazqueños, que tienen caza para los reyes y deparan luminosas jornadas para los madrileños de a pie.

¡Madrid! Un enamorado de esta villa pudo cantarla de este modo:

> ¡Madrid! Mañanitas de abril en el Museo del Prado, con Tiziano, Velázquez o Goya, entre Misses y Fraüleins. Madrid: meriendas estivales en la Dehesa de la Villa, que se prolongan hasta el filo de la medianoche. Madrid: melancólicos paseos otoñales por el Retiro, el Parque del Oeste, la Casa de Campo, o las riberas del Manzanares. Madrid viejo —calle del Codo, calle de Puñoenrostro, plazuela de la Villa—, invernal y navideño, con sus puestos de nacimientos por calles y plazas. Madrid inolvidable. No serás ni la ciudad más monumental ni la más famosa por tu antigüedad, ni la de mejores perspectivas urbanas. Pero ¿qué población del mundo es más sencillamente acogedora ni más entrañable? ¿Cuál tiene el cielo y la luz —y el corazón— que tú posees?
>
> Yo, al menos, he de decir que, ante este ocaso triunfal que se recorta ahora frente a mi ventana, siento como un clamor dentro de mi pecho, y pienso que bien se puede amar a esta ciudad, donde la contemplación de la tierra quizá sea a veces desoladora, pero donde la mano del hombre se extiende ancha y cordial, y donde el cielo, al encender su lámpara roja al morir el día, parece invitarnos a entonar con él el cántico del «Magnificat»:
>
> Engrandece mi alma el Señor... [1].

Cuando Jovellanos llega a Madrid, el momento es, a escala mundial, del mayor interés: las colonias americanas llevan ya tres años de dura lucha contra la metrópoli. Es el año en el que el Gobierno de Luis XVI decide ayudar a los insurgentes, como fruto de la labor diplomática de uno de los hombres más notables del siglo: Franklin.

Pero es también un año de luto para la Ilustración europea; el año en el que mueren Voltaire y Rousseau, el primero, quien más había hecho por destruir el Antiguo Régimen con su irónica pluma, y el otro, quien más había realizado para alumbrar una nueva época con su obra *El contrato social*. Son unos años en que se está incubando la gran Revolución francesa, a la que la norteamericana había dado aliento. Sin duda, también algo nuevo está germinando en el Imperio español.

---

[1] Manuel Fernández Álvarez, *Viajes de un historiador*, Madrid, 1956, pág. 180.

En tal época, Madrid vive todavía años luminosos, bajo la égida de los ministros reformadores, y con la protección del monarca Carlos III; pero cuando ocurra el relevo en el trono, en 1788, y precisamente en las vísperas de la Revolución francesa, los días de ese Madrid ilustrado estarían contados.

Mientras tanto, en esa década un poco larga, Jovellanos, en la plenitud de sus facultades como político ilustrado, iba pronto a encumbrarse a lo más alto. Cuando llega a Madrid, en 1778, Jovellanos tiene treinta y cuatro años; la edad justa para triunfar en la corte y para gobernar no sólo una ciudad, sino el mismo Estado. Por lo pronto, sin embargo, no es más que alcalde de Casa y Corte; por tanto, uno más entre los seis magistrados a cuyo cargo corre el garantizar el orden en la capital de la monarquía. Pero pronto llueven los honores. Su fama de gran cultura le abre las puertas de casi todas las academias. En 1779, al año de estar en Madrid, lo haría en la Real Academia de la Historia, la que tiene más prestigio, junto con la Española. Su fama de político ilustrado crece de día en día. Sin duda, le beneficia la protección que le dispensa su paisano, el entonces todopoderoso Campomanes, en cuyos salones brillará pronto con su ingenio y su presencia. El calendario de las recepciones en los centros culturales es verdaderamente impresionante, y uno se pregunta de dónde pudo sacar tiempo Jovellanos para cumplir con todos los compromisos que sobre él llueven sin cesar. En 1778, cuando no hace sino unos días que se ha posesionado de su nuevo cargo, la Sociedad Matritense le hace su miembro. Ya hemos visto que lo hará la Real Academia de la Historia en 1779. Al año siguiente ingresa en la de Bellas Artes de San Fernando. En 1787, coronando el reconocimiento a sus méritos, entra en la Real Academia Española, la decana de las academias y, sin duda, la de más prestigio. Y seguirían los nombramientos: Real Junta de Comercio (1783) y Real Academia de Jurisprudencia (1785). Lo cual quiere decir que todos los centros culturales de la corte querían contar con el nuevo valor, de quien no cesaba de hablar el «todo el mundo» de aquella brillante corte carolina.

Como hemos dicho, Jovellanos fue pronto llamado a formar parte de las Reales Academias, signo evidente de su temprana conquista de la corte. Ninguno de los prohombres ilustrados tenía, hacia 1780, tan brillantes perspectivas de triunfo y de éxito como el patricio asturiano.

Ahora bien, posiblemente ninguno de aquellos honores le llenó tanto como el de ser académico de la Historia. En gran medida, porque poseía grandes dotes para su estudio: amplias lecturas, sentido crítico, afán de mejorar el mundo en el que vivía. Él sabía muy bien que la historia nada es si no sirve para proyectar el futuro; como si se tratara de una palanca que le permitiera remover la sociedad que le rodeaba. En ese sentido le interesaba la historia. Habría que añadir, además, que fue la primera de las Reales Academias que le abrió sus puertas. Y ello a edad muy temprana, cuando había cumplido los treinta y seis años.

¿Entramos en la aventura de vivir con él aquella emotiva jornada? La Real Academia de la Historia celebraba entonces sus sesiones en la Panadería, la famosa casa de la plaza Mayor. El 14 de febrero de 1780 abría sus puertas para acoger al nuevo académico. ¡Solemne sesión! Jovellanos está sin duda emocionado. Allí están sus parientes —aunque no todos los que él hubiera querido ver—. Allí están sus amigos entrañables, que quieren hallarse a su lado. Allí un público vario, entre culto y curioso, afanoso de escuchar la nueva lección; allí están, en fin, el director y los académicos antiguos, deseosos de tomar el pulso al nuevo colega.

El director, conforme al rito académico establecido para tales casos, da orden de que los dos académicos más recientes vayan en busca del pretendiente, que espera en una sala inmediata con la tensión del caso. Entra Jovellanos entre sus dos padrinos. Hace los saludos de rigor e inicia su discurso:

Señores académicos...

Y tras el obligado elogio a su predecesor, Jovellanos irá tomando el hilo de su discurso. Se trata de un tema sobre el que ha reflexionado muchas veces y durante muchos años, desde que ha empezado en Sevilla a ejercer como magistrado: *Sobre la necesidad de unir al estudio de la legislación el de nuestra historia y antigüedades*. Porque Jovellanos sabe muy bien que las leyes deben de ser hijas de su tiempo, y que resulta penoso para el magistrado verse con las manos atadas por una legislación anticuada, que repugna a su sensibilidad de hombre ilustrado.

Termina su exposición. Resuenan los aplausos. Y pasa ya, por indicación del director, a ocupar su puesto de académico, tras recibir las credenciales que así lo acreditan.

Ya tenemos a Jovellanos, a aquel aprendiz de clérigo, al magistrado de Sevilla, al alcalde de Casa y Corte, convertido en académico.

Madrid, definitivamente, le ha abierto sus puertas. Una brillante carrera está en marcha, en aquella España del despotismo ilustrado. Durará poco más que la vida del buen rey Carlos III. Con su sucesor, Carlos IV, la España oficial, aterrada por los dramáticos acontecimientos a que da lugar la gloriosa Revolución francesa, va perdiendo cada vez más su tono de ilustrada, endureciendo en cambio lo que puede dar de sí un despotismo abandonado por la razón.

Pero eso, con sus secuelas de persecuciones y de prisión, será más tarde.

De momento estamos en 1780. El año en el que Madrid ha aplaudido al nuevo académico.

Es todavía una jornada triunfal de Gaspar Melchor de Jovellanos.

3.—El viaje de 1782

· En 1782, Jovellanos es comisionado por el Consejo para ir a León y Asturias. Representaría al Gobierno en sendos actos oficiales: la toma de posesión del nuevo prior de San Marcos y la inauguración de la calzada entre Oviedo y Gijón.

Fueron unas jornadas felices. Jovellanos ya era el magistrado de reconocido prestigio en la corte, cuya fama había llegado a su tierra natal. Era ya el triple académico de las Reales Academias de la Historia (1779), Bellas Artes de San Fernando (1780) y Española (1781). Los ovetenses, entusiasmados con su paisano, y para demostrar que no siempre han triunfado los recelos entre carbayones y gijonenses, le han nombrado miembro de honor de la Real Sociedad Económica de Amigos del País de Oviedo. Es en el mismo año en el que el rey le concede el hábito de caballero de Alcántara y en que le designa consejero de las Órdenes Militares. Por lo tanto, Jovellanos es todo un personaje, y como tal va a regresar a su querida Asturias de la que tantos años había estado ausente, pues no había vuelto a ella desde los tiempos de Sevilla.

Será un viaje feliz. Jovellanos va a disfrutar de las ventajas del poder, en esa fase elevada en la que ya adquiere el respeto general, sin las preocupaciones ni las asechanzas que comporta el escalón superior. Todo el mundo piensa de él que algún día llegará a ministro. Es la etapa feliz en la vida de un político.

Aún más feliz en el caso de Jovellanos porque ese viaje lo hará acompañado de aquel hermano al que tanto quería, de Francisco de Paula, el «Pachín» de su alma. Hacía unos meses que Francisco estaba ya en Madrid. También en su caso había algo que festejar, pues siendo caballero de la Orden de Santiago, había sido nombrado comendador.

Y todavía había otra circunstancia que lo hacía más deseable: el encuentro con el gran amigo de las vocaciones poéticas, que hacía un año había estado precisamente en Madrid: Meléndez Valdés. Pues el poeta salmantino habría de salir a encontrarles en las cercanías de Arévalo, para hacer con ellos dos jornadas hasta llegar a Valladolid.

Y ya tenemos a Jovellanos de viaje, en la mañana del 20 de marzo de 1782, con la autoridad que pedían su misión y su cargo, y la comodidad relativa que entonces cabía encontrar en los coches de la época. Este viaje, que a nosotros nos podría parecer mortal, era una delicia para aquellos hombres. Jovellanos viajaría en un furgón de cuatro pasajeros, que a él le parecía cómodo y veloz. Precisamente, en el compromiso que tiene con su amigo Antonio Ponz de darle cuenta de lo más destacado del viaje, se disculparía de esta asombrosa manera:

> Caminar en coche es ciertamente una cosa muy regalada, pero no muy a propósito para conocer un país...

Y ello, ¿por qué? Porque, entre otras cosas, la velocidad impedía un examen atento del paisaje o de los pueblos por donde se pasaba; una velocidad que en el siglo XVIII era sólo algo mayor que la que ya habían logrado los antiguos romanos: entre 60 y 70 kilómetros ¡por jornada![1] Lo cual no obstaría para que Jovellanos se lamentase:

> ... la celeridad de las marchas ofrece los objetos a la vista en una sucesión demasiado rápida para poderlos examinar...

---

[1]   Sabemos, por ejemplo, que cuando Jovellanos recibe en Gijón el nombramiento de ministro sale inmediatamente para Madrid el 15 de noviembre, llegando a la corte el 22, por lo tanto, en ocho jornadas; esto es, con una media de 62 kilómetros diarios. En llano los carruajes podían hacer 10 ó 12 kilómetros a la hora. Pero las zonas sinuosas o los ascensos a los puertos podían ser mortales de necesidad.

Los caminos eran malos y las posadas pésimas, pero Jovellanos va en buena compañía, con su hermano más querido, Francisco de Paula, y entre Rapariegos y Valladolid, con su gran amigo Meléndez Valdés. Sin duda, el animador era el hermano, que tras una grave apariencia escondía un carácter socarrón:

> No sabré yo explicar bien —cuenta Jovellanos a su amigo Ponz— cuánto nos hemos divertido en el camino. Nuestro Comendador contribuyó a ello cual ninguno, y vale un Perú para semejantes partidas. En medio de aquel aire circunspecto y aquella severidad de máximas que usted tanto celebra, tiene el mejor humor del mundo y el trato más franco y agradable que puede imaginarse...

Era el hermano «del tono zumbón y ligero» que tanto quería Jovellanos. Con él no importaban demasiado ni los malos caminos ni las peores posadas; en las que, por otra parte, sólo paraban lo imprescindible, llegando al caer la tarde y saliendo de madrugada.

Cumplida la primera parte de su misión en León, Jovellanos siguió sin demora para Asturias. Estaba deseando cruzar «sus Alpes», para verse de nuevo, después de tanto tiempo, entre los suyos.

Y fue todo un acontecimiento. El que llegaba entonces de la corte, cuando aún no estaba terminada la carretera que había de unir a Asturias con Castilla, en sustitución de los malos caminos de los arrieros, era como el que llegaba de un mundo lejano, tras realizar una proeza. Todos acuden a ver al viajero, a darle parabienes, a molerle a preguntas. Jovellanos no tendría ni tiempo para descalzarse:

> ... no hay tiempo para otra cosa —escribe a Ponz—, no habiendo descansado aún de las fatigas del camino, y mucho menos de la que causa a un recién llegado la lluvia de abrazos y preguntas, de visitas y ceremonias que caen encima antes de sentarse ni quitarse las botas[2].

Pero ya estaba en su Asturias. Aquella que tan dentro tenía en su corazón, la de las fieras montañas y apacibles valles, la del mar bravío y las romerías entrañables. Tierra a la que se llegaba difícilmente, en aquellos tiempos, desde la meseta; bastaría recordar

---

2 JOVELLANOS, *Obras escogidas*, ed. cit., III, pág. 174.

el hecho histórico de que Carlos V, a pesar de arribar a sus costas, en su primer viaje a España en 1517, bordea su litoral, para buscar el acceso a la penillanura por la ruta de Santander. De forma que los asturianos vivían encerrados en sus encrespados límites, sin que sus tierras apenas fuesen conocidas por el resto del país. Y Jovellanos se lamentaría de ello, como algo que le resultaba evidente:

> ... sabe Vd. que los españoles nacidos de la otra banda —se queja a Ponz— tienen de ella (Asturias) poco más o menos la misma idea que la Laponia o la Siberia... [3].

Y, sin embargo, Asturias era digna de ser conocida. No sólo por su historia, siendo «la cuna de la libertad» —hermosa expresión, y no tan retórica como las que se emplean en tantos manuales—, sino por su incomparable paisaje. Aquí es donde la pluma de Jovellanos se inspira, con la imagen juvenil del campo asturiano: los frondosos bosques, los valles amenísimos, los montes levantados hasta las nubes, los límpidos ríos —atención, hasta las mismas aguas del Nalón, en aquella época preindustrial—, ya precipitándose en cascadas desde las cumbres, ya brotando en las faldas de los montes. Notables eran también por su belleza las playas, observación que no deja de ser curiosa hecha por un hombre del siglo XVIII. Y así le reprocha a Ponz que, en su viaje de 1772, no tuviera ojos para tantas maravillas de aquella naturaleza tan hermosa [4].

Y estaban las romerías. ¿Quién puede olvidarlas, cuando las ha conocido? El Carmen, en Cangas de Tineo; el Carmín, en Pola de Siero; San Roque, en Tineo; San Timoteo, en Luarca; Santiago, en Cortina; San Miguel, en Trevías, y tantas y tantas otras. De madrugada se va a la ermita de la Virgen o del Santo, que puede estar en un llano, sobre el litoral, como en Cadavedo, o casi en un pico de una alta montaña, como en La Trapa. Y siempre, en una pradera verde. Al amanecer están ya de marcha los aldeanos, mozos y mozas sobre todo, pero también los mayores y la chiqui-

---

[3] *Ibíd.,* pág. 172.

[4] «¿Pudo usted observar sin admiración en su viaje sus frondosos bosques, sus valles amenísimos, sus montes levantados hasta las nubes, sus ríos, ya precipitados de lo alto de las cumbres por extrañas y vistosas cascadas, o ya brotando de repente al pie de su falda? ¿Pudo usted dejar de sorprenderse agradablemente a la vista de tantas eminencias, precipicios, alturas, cañadas, grutas, fuentes minerales, lagos, ríos, puertos, playas y, en fin, cuanto produce de grande y singular la naturaleza?» («Cartas», en *Obras escogidas,* ed. cit., III, pág. 173).

llería, y hasta algún que otro abuelo. Suena la gaita, se reza al santo, se canta y se baila. Y al volver al hogar, en las noches cálidas de julio y agosto, los valles resuenan con los centenarios gritos de la juventud. Se ama y es dulce sentirse amado.

> Con el primer rayo de la aurora —cuenta una vez más Jovellanos a Ponz— salen a poblar los caminos los que vienen a la ermita atraídos de la devoción, de la curiosidad o del deseo de divertirse. La mayor parte de esta concurrencia matutina es de gente aldeana, que viene lo mejor ataviada que su pobreza le permite; pero con una gran prevención de sencillez y buen humor, que son los más seguros fiadores de su contento.
>
> Sobre todo —añade—, la gente moza echa en estos días el resto, y se aderza y engalana a las mil maravillas... [5].

Cierto que era costumbre inveterada el que los mozos llevasen cada cual su garrote, que no soltaban ni aun en las danzas, de forma que al juntarse en las romerías mozos de distintos lugares, por vecinos rivales, podían estallar las pugnas y llover los garrotazos.

> Sucede, pues, frecuentemente —nos contará el gran patricio—, que, en medio de la danza, algún valentón caliente de cascos empieza a victorear a su lugar o su concejo. Los del concejo confinante, y por lo común rival, victorean al suyo; crece la competencia y la gritería, y con la gritería la confusión; los menos valientes huyen; el más atrevido enarbola su palo; le descarga sobre quien mejor le parece, y al cabo se arma tal pelea de garrotazos, que pocas veces deja de correr sangre... [6].

Notable elemento eran también las coplas que sobre la marcha, y con el ardor de la fiesta, componían por lo general las mozas, improvisando sobre cualquier motivo que se les diese. Jovellanos recordaba aún una de estas algazaras en una romería cercana a Gijón, a la que había asistido nada menos que el obispo de Oviedo, Julio Manrique de Lara. Era el 29 de septiembre, festividad de San Miguel, muy celebrada en Asturias, como última del año, de cara ya al otoño. En aquella ocasión, las mozas quisieron festejar al obispo, cantando debajo de los balcones de la casona en que estaba

---

[5] *Ibíd.*, págs. 228 y 229.
[6] *Ibíd.*, pág. 233.

alojado; pero el obispo, o por estar enfrascado en otros negocios más serios, o por poco amigo de canciones, mandó despejar el lugar. Lo único que consiguió fue que las mozas, algo más apartadas, pero supliendo la mayor distancia con la elevación de la voz, le soltaran esta fineza, que el obispo tuvo ya que aguantar el resto de la jornada:

> El señor obispo manda
> que s'acaben los cantares;
> primero s'an d'acabar
> obispos y capellanes [7].

De esa forma, podía Jovellanos defender las romerías asturianas, enfrentándose incluso con el juicio adverso de Feijoo, pero apoyándose nada menos que en el del padre Sarmiento, que tanto había elogiado las gallegas, primas hermanas de las astures.

Otra estampa vivida por Jovellanos desde los primeros años era la de la sencilla vida del hidalgo rural de su tierra, y del sistema patriarcal que regía, en convivencia con sus colonos. Los arrendamientos eran pagados en frutos de la tierra y se heredaban de padres a hijos, pues sería mirado «como un tirano» aquel propietario que «sin causa justísima» echase al casero del hogar de sus antepasados. El día de Año Nuevo solía celebrarse la reunión anual, en que los caseros iban con sus familias a reverenciar en su casa al señor, al tiempo que planteaban sus problemas y aun sus conflictos, para que el amo arbitrase la mejor solución. Hay aquí una estampa de la vida rural asturiana descrita con viveza por Jovellanos, con la típica mentalidad del hombre ilustrado impregnada de paternalismo. Tras la jornada mañanera de planteamiento de los problemas económicos y de convivencia, venía la gran comida general, en la mayor pieza de la casona señorial, presidida por el amo de la casa, y con asistencia de su mujer e hijos. La nota paternalista de aquella pequeña nobleza rural resultaba muy cara a Jovellanos:

> Un buen propietario —comenta a su amigo Ponz— recibe en este día las bendiciones de aquella grande y numerosa familia...

---

[7] Está claro que la dispersión primera había corrido a cargo de los capellanes del obispo. Jovellanos lo cuenta con gran viveza, como un recuerdo imborrable de su niñez: «Era yo bien niño cuando el ilustrísimo señor don Julio Manrique de Lara, obispo entonces de Oviedo, se hallaba en su deliciosa quinta de Contrueces, inmediata a Gijón, el día de San Miguel. Celebrábase allí aquel día una famosa romería...» *(Ibíd.,* pág. 238).

Era algo que él había conocido en su propia casa y que había vivido en sus años de la infancia[8].

Evidentemente, Jovellanos no podía escapar de los condicionamientos de su linaje nobiliario. Aun así, su progresía se manifiesta claramente en su defensa de salarios justos, con expresiones que no dejan de llamar la atención. Arremete contra los que defienden la riqueza del Estado a costa de los ciudadanos, y más contra la riqueza de unos pocos poderosos basada en la miseria de la muchedumbre de los pobres artesanos y labradores. El texto, aquí, es de antología, adelantándose en más de un siglo a las corrientes sociales que acabarían por imponerse en nuestra patria:

> Yo creo, amigo mío —escribe Ponz—, que se trata mucho de la felicidad pública y poco de la de los particulares; que se quiere que haya muchos labradores, y no que los labradores coman y vistan, que haya muchas manos dedicadas a las artes y oficios, y que los artesanos se contenten con un miserable jornal.

¿No estamos en 1782, siete años antes de la Revolución francesa y sesenta y seis antes de las revoluciones de 1848? ¿No es un lenguaje que se adelanta a su época? Jovellanos aún dice más:

> Estas ideas me parecen un poco *chinescas;* ponen al pueblo, esto es, a la clase más necesaria y digna de atención, en una condición miserable.

Y ya, colmada su indignación, termina con una sentencia que quizá no desdeñara el mismo Marx:

> Establecen la opulencia de los ricos en la miseria de los pobres y levantan la felicidad del Estado sobre la opresión de los miembros del Estado mismo[9].

¿Se comprende ahora que Jovellanos acabase perseguido por la reacción más rabiosa de la España que no quería ser ilustrada? Suerte que de momento aún vivía Carlos III.

---

[8] «Yo conservo todavía la memoria de las dulces sensaciones que siendo niño excitaba en mi corazón este grande y tierno espectáculo» *(Ibíd.,* pág. 209).

[9] *Ibíd.,* pág. 209.

4.—El elogio de Carlos III

Para Jovellanos, la década de los ochenta de aquel siglo de las luces es el momento brillante, la etapa que transcurre veloz, en la que todos quieren ser sus amigos. Los políticos, los aristócratas, los intelectuales. Políticos como Campomanes y Cabarrús, que entonces son auténticos pesos pesados de la monarquía. Aristócratas como el marqués de Casa Tremañes, su pariente, o como el duque de Almodóvar. Es conocida su amistad con el grupo de poetas de Salamanca.

Es más. Ya tenemos a Jovellanos de protector y nada menos que de uno de los mayores valores poéticos de la centuria: de Meléndez Valdés. Jovellanos era diez años mayor que el poeta extremeño, de forma que el protegido de Aranda y de Campomanes se torna aquí en protector.

«Obra soy tuya y de tu noble ejemplo», cantaría el poeta.

Y así, en constante triunfo, pasan los años sin sentir y se agota aquella última década del reinado de Carlos III. Quién era ya Jovellanos en 1788 se viene a cifrar en que sea el encargado de hacer el homenaje a la memoria del gran rey, ese *Elogio de Carlos III* leído en la Real Sociedad Matritense el 8 de noviembre de 1788, y que bien merece un comentario aparte.

Estamos ante uno de los testimonios más interesantes del siglo de las luces, en su versión española, pronunciado, como hemos dicho, en la sesión pública de la Real Sociedad de Madrid, el 8 de noviembre de 1788; es todo un símbolo de aquel reinado a punto de concluir. Es una época que tiene muy asumida la revolución americana. Estamos en las vísperas de la gran Revolución francesa. Y algo de todo ello se trasluce en el *Elogio* del gran rey pronunciado por Jovellanos. En él nos encontramos con el lenguaje típico de los ilustrados: Se hablará de la *felicidad* de los pueblos, basada en su prosperidad; se aludirá a que imperios hechos a costa de la ruina de los súbditos nada valen; se proclamará el principio de la nueva política del Estado, centrada en la búsqueda de la prosperidad; se alabará la representación popular; se defenderán —cosa inaudita— los derechos de la mujer. Todo, en suma, lo que permitía hacer «la feliz revolución». ¿Cómo asombrarnos de que la España reaccionaria, cada vez más fuerte bajo Carlos IV, mirase con recelo a Jovellanos? La Revolución francesa, con su liquidación de los privilegios del Antiguo Régimen, pondría en una difícil situación a los reformadores ilustrados españoles.

Pero vayamos al discurso y analicémoslo en sus diversas partes. En principio responde a lo que promete: esto es, estamos ante un elogio de Carlos III, el «buen príncipe», el «padre de sus vasallos»; título este que se reitera en dos ocasiones. Por lo tanto, se realza ese sentido paternalista, propio del despotismo ilustrado europeo, que en España parecía tener una misión bien concreta: restaurar la patria, tan maltratada por la dinastía de los Austrias. Porque el elogio de Carlos III se convierte, pronto, en el elogio a la nueva dinastía de los Borbones. Jovellanos recordaría la sombría época sometida al fanatismo y a la ignorancia, para añadir:

> El cielo tenía reservada a la (dinastía) de los Borbones la restauración de su esplendor y de sus fueros. A la entrada del siglo XVIII el primero de ellos pasa los Pirineos, y entre los horrores de una guerra tan justa como encarnizada, vuelve de cuando en cuando los ojos al pueblo...

Es Felipe V el que marca al punto la pauta de la nueva política paternalista, en pro del pueblo:

> Felipe, conociendo que no puede hacerle feliz si no le instruye, funda academias, erige seminarios, establece bibliotecas, protege las letras y los literatos, y en un reinado de casi medio siglo, le enseña lo que vale la ilustración.

Ya está aquí, pues, la palabra clave, la ilustración. Es un don nuevo, que viene de la Europa afrancesada, de esa Francia que es árbitro del movimiento cultural, y que va a entrar en España de la mano del primer Borbón. Cuando Jovellanos nace, aún reinaba Felipe V. Sin duda, en todo el país había la conciencia de aquel largo reinado. Esa referencia al «medio siglo», es algo que está en el ambiente, venía a ser como la contrapartida de aquel otro largo reinado padecido en la España del siglo XVII, el de Felipe IV, en el que se habían acumulado todos los males y todos los reveses sobre la patria.

Después de resaltar las excelencias del reinado de Felipe V, destaca el de Fernando VI, corto en el tiempo pero grande por la paz, quien en un esfuerzo por poner España al nivel de Europa, pensiona a los valores españoles para que adquieran en ella sus conocimientos, al tiempo que atrae con recompensas a los sabios extranjeros; y crea la Marina, fomenta la industria y favorece el comercio interior.

Grandes cosas en notables reinados. Y todo apenas nada comparado con lo que haría Carlos III. Era, a lo sumo, como la preparación del sendero que había de recorrer el mejor de los Borbones:

> Determinado este piadoso soberano a dar entrada a la luz en sus dominios...

Y enumera todas sus hazañas, las gestas de un gran gobernante. No serán nombres de batallas, ni de conquistas hechas con la espada. Serán las batallas de la civilización, las de un gobierno en pro de sus súbditos: la erección de nuevas colonias agrícolas, el reparto de las tierras comunales (afrontando el tremendo problema de la tierra), la abolición de las tasas sobre el grano y su libre circulación (uno de los principios de los fisiócratas ilustrados), el coto puesto a los abusos de la Mesta, la mejora de la industria (con la reforma de los gremios) y el amparo al comercio (con el libre comercio con el imperio colonial). Prudentemente, Jovellanos silenciaría los traspiés en la política internacional, pero podría referirse a la paz conseguida en el Mediterráneo, por lo que las costas de Levante y del sur podrían volver a poblarse, sin miedo ya a los ataques de los corsarios berberiscos. Todo ello era lo que daba a Carlos III, con justicia, el título de «padre de sus vasallos».

Ésa era «la feliz revolución». Si hubiera pronunciado el discurso unos meses después, pensaríamos que Jovellanos quería distinguir entre las reformas suaves, realizadas por un gobierno paternalista, y los bruscos cambios llevados a cabo tras un alzamiento violento. Como no es así, hay que pensar que algo estaba en el ambiente de Europa, algo que hacía insostenible el Antiguo Régimen, algo que sólo las mentes más poderosas eran capaces de vislumbrar y que trataban de remediar.

Porque, evidentemente, el problema del gobierno de un rey ilustrado, en un régimen absolutista (como, en definitiva, era el despotismo dieciochesco) estaba en la continuidad. ¿Quién podía asegurar que la política de las luces, que las grandes reformas ilustradas, que ese gobierno paternalista de Carlos III sería seguido por su sucesor? ¿Acaso no era de temer un paso atrás con los nuevos reyes? ¿Quién podía garantizar esa línea de ascenso en el gobierno del nuevo soberano? Era un problema que no podía escapar a la mente de Jovellanos, porque estaba en la esencia del sistema. El despotismo ilustrado vale lo que el monarca que lo regente: bueno, vulgar o detestable. Y estaba claro que ningún buen deseo podía conseguir que el hijo de un buen rey fuera tan bueno o mejor que el padre. ¿Cómo se resuelve esta cuestión en el *Elogio* de Jovellanos? De esta forma: para el magistrado astur, la mayor grandeza del reinado de Carlos III era haber conseguido, precisamente, perpetuar su obra, por el sistema de haber reformado de tal modo a su pueblo que el retroceso resultaba imposible. Hasta qué punto se engañaba aquí Jovellanos, o quería engañarse, para alumbrar una esperanza de que todo lo hasta entonces hecho no se fuera a los abismos, es algo difícil de precisar. Pero es la búsqueda desesperada de esa esperanza a la que quiere aferrarse y con la que quiere animar a sus compatriotas, en aquella hora lúcida de la evocación del gran monarca ilustrado, lo que le hace exclamar:

> Pero no nos engañemos: la senda de las reformas, demasiado trillada, sólo hubiera conducido a Carlos III a una gloria muy pasajera, si su desvelo no hubiese *buscado los medios de perpetuar en sus Estados* el bien a que aspiraba. No se ocultaba a su sabiduría que las leyes más bien meditadas no bastan de ordinario para traer la prosperidad a una nación, y mucho menos para fijarla en ella. Sabía que los mejores, los más sabios establecimientos, después de haber producido una utilidad efímera y dudosa, suelen recompensar a sus autores con un triste y tardío desempeño.

Jovellanos piensa en esos momentos en todas las dificultades que tienen que afrontar los reformadores, por la serie de obstáculos que encuentran, por los recelos que levantan, por la inevitable lentitud de sus resultados y por el desánimo que eso mismo puede traer consigo, a una opinión pública que quiere ver resultados inmediatos, y así, añadiría:

> Expuestos desde luego al torrente de las contradicciones, que jamás pueden evitar las reformas, imperfectas al principio por su misma novedad, difíciles de perfeccionar poco a poco, por el desaliento que causa la lentitud de esta operación, pero mucho más difíciles todavía de reducir a unidad y de combinar con la muchedumbre de circunstancias coetáneas, que deciden siempre de su buen o mal efecto, Carlos previó que nada podría hacer en favor de su nación si antes no la preparaba a recibir estas reformas, si no le infundía aquel espíritu, de quien enteramente penden su perfección y estabilidad.

Y, ¿cuál era ese espíritu necesario, que una vez conseguido, cerraría el pasado oscurantista para siempre? Jovellanos nos lo dirá:

> Ciencias útiles, principios económicos, espíritu general de ilustración.

Y sentenciaba:

> Ved aquí lo que España deberá a Carlos III [1].

En todo esto bulle un sincero deseo de Jovellanos por salvar la obra política de Carlos III; o, si se quiere mejor, un ansia de que así fuera, como un llamamiento a la serenidad: el gran rey moriría pronto, pero nada había que temer, porque su obra estaba hecha, sin que nadie la pudiera destruir. ¿Lo creía así realmente Jovellanos, o trataba de animarse y de animar a los que le rodeaban? Porque su augurio, a largo plazo, sería cierto, en el sentido de que la España del siglo XX sabe muy bien lo que debe a la buena semilla sembrada por el gran rey; pero a corto plazo, pensar que la Ilus-

---

[1] Véase la notable ed. de GONZALO ANES, *Carlos III y la Ilustración*, Madrid, 1987.

tración ya había triunfado en España era, ciertamente, infravalorar el poderío que aún tenía la oposición, que pronto, con Carlos IV, se haría con el poder.

Y ello tendría ocasión de comprobarlo, y bastante pronto, el propio Jovellanos, como es tan notorio.

Parte tercera

Altibajos de la fortuna

1.—Se incuba la desgracia

En 1790, todavía en el poder Floridablanca, pero cuando ya los dramáticos acontecimientos que ocurrían en Francia alarmaban a la corte y daban fuerza a los enemigos de la Ilustración, Jovellanos iba a ser comisionado para realizar otro viaje de inspección a Salamanca y a sus tierras natales de Asturias. En Salamanca tenía que visitar los colegios de Calatrava y Alcántara; en Asturias debía inspeccionar las posibilidades de la industria minera carbonífera. Pero los acontecimientos de la corte sólo le permitirían realizar la primera parte de su misión.

Aun así es interesante, porque nos permite comprobar cuáles eran las ideas de los ilustrados respecto a la enseñanza. A pesar de que en un centro educativo del tipo del Colegio de Calatrava no podía montarse una gama de estudios tan novedosos como hubiera querido Jovellanos, por su anclaje a los temas religiosos y humanísticos, sí se podía hacer algo, al menos, en cuanto al sistema de selección del profesorado y en cuanto a los libros de texto. Aquí iba a tener ocasión Jovellanos de combatir aquello que él consideraba como la causa de la decadencia universitaria: el método escolástico, con la rutina que comportaba. De ahí surgiría su *Reglamento* para reformar los estudios del Colegio de Calatrava[1].

Pasó Jovellanos cuatro meses largos en Salamanca, ciudad que le atraía por sus Estudios y por su monumentalidad. Llegando hacia el 7 de abril, tuvo que abandonarla el 20 de agosto, y no para seguir hacia Asturias, sino porque graves acontecimientos desencadenados en la corte le empujaron a regresar.

En efecto, la marea oscurantista, que prevalecía cada vez más en la corte de Carlos IV, empezó a combatir a los ministros ilustrados del reinado anterior. El primero en verse acosado sería Cabarrús, al que Jovellanos profesaba una honda amistad. Se le acusaría de malversador de fondos del Estado, en su cargo de director del Banco de San Carlos, cuya fundación había inspirado a Carlos III.

Agosto de 1790. Calurosas jornadas en Salamanca, apenas refrescadas en la noche meseteña. El día 19 llegan noticias alarmantes de Madrid: Cabarrús, el poderoso financiero, ha sido encarcelado. De pronto, los ilustrados empiezan a sentirse acosados. Es peligroso titularse amigo del personaje caído. El propio Campomanes no quiere saber nada de su suerte; nada hará por él. A quien le importune, contestaría con que «no quería ser heroico».

Pero Jovellanos sí querrá. Cierto que no olvida la prudencia. Se guarda la ropa pidiendo autorización al presidente del Consejo de las Órdenes Militares: habiendo terminado su gestión en Salamanca sobre el Colegio de Calatrava, quería informar de palabra sobre los aspectos más delicados, antes de seguir hacia Asturias. Es después de obtener la autorización regia cuando se pone en marcha hacia la corte. Se trata, desde luego, de una cobertura, pues su intención es otra. Esa prudencia, dentro de su gesto temerario, le salvará de una mayor desgracia.

El 20 de agosto deja Salamanca, abandona la misión confiada para Asturias y regresa a la corte. Le llama su sentido de la amistad, su innato temperamento caballeroso. No puede dejar solo al amigo caído en desgracia. Y entiende que es preciso poner en marcha una contraofensiva mediante la acción de los personajes más representativos de la Ilustración. A primera hora del 20 de

---

[1] JOVELLANOS, *Reglamento literario e institucional para llevar a efecto el plan de estudios del Colegio Imperial de Calatrava,* Madrid, 1791.

agosto sale Jovellanos para Madrid. En su diario, anota escuetamente:

> A comer en Peñaranda... A dormir en Fontíveros [2].

Son sesenta y siete kilómetros por el camino antiguo. En dos
jornadas más, Jovellanos se planta en Madrid. Se entrevista con la
condesa de Montijo y con la Gálvez. Y anota: «... malas impresiones...» [3].

Y es cuando trata de ver a Campomanes, al amigo y paisano,
al poderoso presidente del Consejo de Castilla, al influyente director de la Real Academia de la Historia; sin duda, si alguien podía
hacer algo, era el antiguo protector de Jovellanos.

Pero Campomanes elude el compromiso. En cuanto tiene noticia del apresurado regreso de Jovellanos, le hace saber que de-
saprueba su viaje y que no quiere tener contactos con el antiguo
protegido.

Grave decepción para Jovellanos. ¿Ha de guardar silencio? ¿Ha
de volverse sin más, sin intentar algo por su amigo en desgracia?
No. Es hora de coger la pluma y de escribir lo que se siente. Y es
cuando surge una de las cartas más nobles que jamás se
hayan escrito:

> Mi venerado amigo —escribe Jovellanos a Campomanes,
> el 24 de agosto de 1790—: A mi arribo aquí he sabido que
> usted, repugnando como otros mi venida, había dicho que si
> se verificase no me admitiría en su casa. Fácil es de compren-
> der si esta noticia me sorprendería; la dudé, indagué su origen
> y acabo de averiguar su certeza. Escribo, pues, ésta para saber
> si usted persiste en su modo de pensar. Si es así, estoy desde
> luego libre de todos los vínculos y respetos que nos han unido
> hasta aquí; pero si usted revocase una resolución que nos hace
> tan poco favor a entrambos, mi corazón y mi amistad serán
> eternamente los mismos.
>
> Sin embargo, como me precio de ingenuo, no debo ocultar
> a usted que en caso de vernos será tan imposible que yo deje
> de hablar por un amigo, cuya suerte está en manos de otro,

---

[2] *Diarios,* ed. de Miguel Artola (con espléndida introducción), BAE, Madrid, 1956, 1.
[3] «Me confirmé en el origen del mal, antes ignorado» *(Diarios,* ed. cit., 1).

como que exija de éste cosa que sea contraria a su honor y a la justicia. La inocencia del uno expuesta a prueba más ruda, y la reputación del otro, que el público decidirá tal vez por la conducta de un negocio que tiene abierto los ojos, han sido, son y serán mis únicos impulsos. A esto sólo he venido aquí; por eso sólo he oído la voz de mi corazón antes que la de muchos respetables dictámenes. Valgo poco, pero nada dejaré de hacer por salvar de ruina a un amigo inocente y de mancilla al más sabio magistrado de la nación, de quien soy el primer amigo.

Tales son mis designios. Los testimonios que antes de ahora he dado de mi amistad al juez y al procesado, tan públicos como desinteresados, acreditarán siempre la necesidad de este oficio, tan debido a mi honor como al de entrambos.

Deba yo también a esta consideración la indulgencia de usted, y que entretanto me crea el mejor de sus amigos.

Jove Llanos [4].

Jovellanos quiere golpear en la conciencia del presidente del Consejo de Castilla, el «más sabio magistrado de la nación». Apela a un amigo para salvar a otro. En realidad, está tratando de salvar a los dos, porque entiende que acaso el que más riesgo corre de perderse —en la infamia, al menos— sea el juez, antes que el preso.

Pero nada consigue. Sólo una respuesta de palabra, que anotará casi en clave en su *Diario:*

Martes 24: carta a C. [5], que se entrega de tarde: ofrece respuesta a la noche; a la mañana siguiente la da sólo en palabra: que haría por mi persona e intereses como tal. No se trata de otra cosa. Se niega. Indica reparos en recibirme. Inspiro [6] temor: que *seré observado. Que estaré en la lista de los proscriptos. Que quiero ser heroico. Que él no puede serlo. Que me pierdo...* [7].

---

[4] JOVELLANOS, *Epistolario,* ed. José Caso González, carta 7, Barcelona, 1970, páginas 67 y 68.

[5] Evidentemente, Campomanes; se trata de la noble carta que hemos recogido.

[6] En la ed. de Artola: *inspira;* creo que es una errata.

[7] *Ibídem;* lo subrayado, por mí.

Así, pues, ya funciona una lista de proscritos, ya estamos ante una ola de pánico en la corte, y los que sospechan estar a punto de caer en la desgracia se encogen.

¿Tiene algo que ver este panorama con los sucesos de Francia? En julio del 89 se había producido el asalto a la Bastilla; en agosto, la declaración de los derechos del hombre; era «una declaración de guerra contra los tiranos», en frase de los contemporáneos, completada por la abolición del régimen feudal. La Revolución francesa marcaba sus etapas, daba pasos de gigante. En octubre, el pueblo de París hace su marcha sobre Versalles: ya estaba declarada la guerra entre la capital y la corte. El resultado, regreso de la avalancha popular con el rey semiprisionero a las Tullerías. Y la Asamblea Constituyente seguiría montando el nuevo régimen. Noviembre de 1789: confiscación de los bienes del clero: «Todos los bienes eclesiásticos están a disposición de la Nación...» Julio de 1790: se aprueba la Constitución Civil del clero y se pide el celibato eclesiástico. Mirabeau declara: «Es preciso descatolizar a Francia.»

Se combate, pues, a la vieja religión. También se hace guerra a los privilegios. Nobles y clérigos tendrán que pagar por un igual a la Hacienda, como cualquier otro ciudadano. Era poner en marcha y hacer realidad el primero de los principios sagrados de aquella declaración de los derechos del hombre: «Los hombres nacen y permanecen libres e iguales en derechos.» Lo cual no era sino trasplantar al viejo continente la fórmula proclamada por los revolucionarios norteamericanos trece años antes:

> Todos los hombres son por naturaleza igualmente libres e independientes... [8].

Por lo tanto, el nuevo régimen francés doblegaba a la Corona, hacía la guerra a la Iglesia y despojaba de sus privilegios a la nobleza. Estaba en marcha la Revolución triunfante.

Y todo eso era observado, con gran sobresalto, por la España oficial. Esa situación era la que habían provocado los ilustrados en Francia. De forma que la persecución contra Cabarrús (que además de ilustrado unía su sospechosa condición de francés) no era por

---

[8] Comienzo de la *Declaración de Derechos de Virginia* (1776).

motivos económicos. Era el primero en una lista de proscritos. Quien lo apoyara sería un temerario.

Así Jovellanos se encuentra solo en la corte. Las puertas de los palacios de los antiguos amigos se le cierran.

Y la corte empieza a tronar. Los enemigos de los ilustrados (Lerena, Porlier) presentan al rey el regreso de Jovellanos como un acto grave de desacato regio, como un gesto revolucionario al estilo francés. Se duda en tomar medidas extremas: a fin de cuentas, Jovellanos es la figura más destacada de la Ilustración, el miembro ilustre de todas las Reales Academias, el magistrado que ha servido durante más de veinte años a la Corona, el académico que ha pronunciado el elogio a la memoria de Carlos III. Pero su gesto en defensa del amigo caído se toma como una protesta hacia las prerrogativas regias de aquel absolutismo del Antiguo Régimen, y eso hay que castigarlo. Por lo pronto, Jovellanos en Madrid es un peligro; por menores causas se originan grandes catástrofes. ¡Quién sabe lo que puede ocurrir, si los ánimos se exaltan, si los demás amigos de Cabarrús se envalentonan! Eso puede ser la ruina de los ministros que están en el poder y el agrietamiento del mismo edificio de la monarquía de Carlos IV. Por lo tanto, de manera perentoria y haciendo ver que el propio soberano ha mostrado su disgusto, se ordenará a Jovellanos que salga inmediatamente de Madrid, con aquel «luego, luego» (el «pronto, pronto» del castellano antiguo) tan significativo:

> Habiendo llegado a noticia del Rey —advertirá Porlier a Jovellanos— que, sin su precedente real permiso y sin haber dado antes cuenta del estado de los encargos a que fue destinado a Salamanca, se ha restituido V. S. a esta Corte, me manda S. M. prevenir a V. S. que inmediatamente se restituya a aquella ciudad poniéndose en camino luego, luego...[9].

«Luego, luego...» La amenaza era clara, aunque Lerena y Porlier, en su afán de encolerizar al rey contra Jovellanos, se equivocasen, porque Jovellanos no había regresado a Madrid sin permiso regio. He aquí un fallo increíble en la información que tenía el Gobierno de Carlos IV, que será lo que salvará en parte a Jove-

---

[9] En *Obras* de Jovellanos, ed. cit. de Artola, IV, pág. 169.

llanos, y le permitirá una retirada honrosa. Porque sí que tenía el
permiso regio, con fecha de 7 de agosto, para dar cuenta de su
misión en Salamanca, cuya copia (atención, la *copia* por supuesto)
se apresura a mandar a Porlier, con esta serena respuesta:

> Excelentísimo Señor:
> A mi regreso a esta Corte, cuyo objeto fue dar cuenta al
> Consejo (de Órdenes) de la comisión que desempeñé en Sa-
> lamanca, *precedió el real permiso,* de que acompaño copia
> (fecha 7 de agosto de 1790). Yo estoy pronto a obedecer
> a S. M.; pero pues me tiene mandado en la orden citada pase
> a desempeñar la comisión de Asturias y está ya concluida la
> de Salamanca, espero que V. E. lo haga presente a S. M.
> y que, en consecuencia, me comunique su última real
> resolución [10].

Por lo tanto, las formas quedaban salvadas; pero la gracia del
rey se ha perdido, y eso lo sabe Jovellanos, que no ignora lo que
tal cosa supone en el Antiguo Régimen. De momento, las puertas
de los poderosos, antes tan abiertas, empiezan a cerrársele. La
víspera de su partida de la corte, anotará, afligido, en su *Diario:*

> Sesión con ella —la condesa de Montijo— y luego de la
> Gálvez de Campomanes; fría acogida de ésta y de Belmonte.
> Aire de desprecio. Ira.

Ese acorralamiento, ¿hará de Jovellanos un revolucionario, el
hombre que precisaba España para combatir el oprobioso régimen
del despotismo cerril de Carlos IV? No. Jovellanos ni siquiera
debió de planteárselo. Estaba demasiado grabada en su mentalidad
de aristócrata la lealtad a la Corona. Así pues, obedece a la orden
de partida, e incluso invocará sus muchos años de servicio para
pedir una vuelta a la gracia regia, que sabe que ha perdido.
Al señalar a Porlier que ya está a punto de salir para Asturias, termina diciendo:

---

[10]   *Ibíd,* págs. 168 y 169.

Ruego a V. E. que lo haga así presente a S. M. para que
este testimonio de mi celo, añadido a los muchos que tengo
dados en veintitrés años de buenos servicios, me restituyan su
real confianza, único premio a que aspiro [11].

No. Jovellanos no es un revolucionario. Lejos está de ello.
Jamás se propuso ser el Mirabeau español. Pero quizá fuera mejor
así, porque encabezar una difícil rebelión al poder arbitrario de
Carlos IV en 1790, aunque estuviera ya en marcha el modelo
francés, probablemente lo único que serviría sería para la ruina
total del propio Jovellanos.

Un Jovellanos que aún tenía que hacer mucho por aquella
España suya, donde los ilustrados empezaban a batirse en retirada.

El 28 de agosto partía para Asturias. Se iniciaba un destierro
de siete años más o menos disimulado. De hecho empezaba ya su
etapa de proscrito, que duraría hasta 1808, con un breve intermedio, brillante pero efímero: el de su inesperado salto al Ministerio
de Gracia y Justicia.

Un destierro. Era la pérdida de la gracia regia, con este solo
alivio: que iba a su amada Asturias.

A lo que sabemos, buena parte de aquella pérdida de la gracia
real la debía Jovellanos al entonces poderoso ministro el conde de
Lerena. Pese a su título, Lerena no era de origen nobiliario. Al
contrario, hijo de una familia humildísima de Valdemoro, había
servido, cuando era muchacho, en el mesón de aquella villa; lo que
entonces se llamaba «mozo de paja y cebada». Todo esto lo sabemos por el propio Jovellanos, que le dedica un apunte biográfico
en sus *Diarios,* al final de lo que escribe en el año de 1791. Y,
evidentemente, no por afecto, sino como un desahogo de su alma
herida, cuando tiene noticia de su muerte, ocurrida el 2 de enero
de 1792. El comienzo de la fortuna de Lerena se había iniciado
cuando entró al servicio de un rico mercader de Cuenca, a cuya
muerte Pedro Lerena —que tal era su nombre— logra encandilar
a la viuda, doña Juliana Lomas, casando con ella. Al frente, pues,
de los negocios de su antiguo amo, previo el asalto a la cama de
su viuda, Lerena traba relaciones con el patriciado urbano, y concretamente hace amistad con un canónigo de la catedral de Cuenca,

---

[11] *Ibíd.,* pág. 169.

don Pedro Joaquín de Murcia, amigo a su vez del futuro conde de Floridablanca, don José Moñino; precisamente ocurría esto en 1766, cuando los alborotos iniciados en Madrid —el motín de Esquilache—, que sacudieron a gran parte del país, habían alterado también a Cuenca. Moñino ya era fiscal del Consejo de Castilla, y como tal fue enviado por el Consejo a Cuenca para esclarecer los disturbios de aquella ciudad, que habían afectado a varios sacerdotes, quienes se habían visto ultrajados en sus personas y saqueados en sus bienes. En casa de Joaquín de Murcia conoció Moñino a Lerena, y desde entonces lo incorporó a su servicio; posiblemente porque Lerena le facilitó su misión en Cuenca. En escalones sucesivos, Lerena se convirtió en comisario de Guerra, en intendente en la empresa de Mahón, en asistente de Sevilla y, finalmente, en ministro de Hacienda.

Hombre vengativo y ruin, aprovechó su carrera política para amasar una gran fortuna. «Su caudal en efectivo —nos dice Jovellanos— se reputa en seis millones de reales», cifra verdaderamente alta para la época. De él diría Jovellanos:

> Fue hombre no sólo iliterato, sino falto de toda clase de instrucción y conocimientos en todos los ramos, y aún de toda civilidad, sin que los altos empleos en que se halló pudiesen cultivar *la grosera rudeza de sus principios...* [12].

Por lo tanto, tenemos al patricio representante de la España ilustrada de las reformas, perseguido por un hombre salido del pueblo, que tracionaba la suerte de aquel pueblo mísero del que procedía.

Otra mujer vengaría dulcemente a Jovellanos; pues habiendo enviudado Lerena en 1790, decidió hacer bueno el refrán —«dolor de viudo, corto pero agudo»— casando con una joven belleza de la corte, la hija del marqués de Piscatori, que tenía a su favor el ser nieta del ama de leche de María Luisa de Parma, la famosa madama Laura. El «excesivo uso de su mujer», en términos de Jovellanos, pondría a Lerena a la muerte. Y Jovellanos nos cuenta esta anécdota de sus «finos» modales cortesanos, que retrata a su

---

[12] *Diarios*, ed. cit., pág. 71. Lo subrayado, en el texto.

vez a Carlos IV y a María Luisa de Parma, cuando eran príncipes de Asturias:

> Estaba malo un día el príncipe de Asturias —narra Jovellanos—. Subió Lerena. Preguntó. Dijéronle que era indisposición de vientre.
> «¡Qué ha de suceder! —dijo—, si come como un bárbaro.»
> Salía a este tiempo la Princesa, que le oyó:
> «¡Harto bárbaro es menester que seas —prorrumpió— para hablar así! Floridablanca —prosiguió— nos dijo que eras un diamante en bruto; lo bruto lo hemos visto ya; lo de diamante, no.»
> Y se retiró muy ceñuda [13].

Por lo tanto, para no perder el poder cuando muere Carlos III, Lerena busca el favor de los nuevos reyes con su matrimonio con la nieta de madama Laura. «La famosa madama Laura —anota Jovellanos—, ama de leche y favorita de la reina parmesana.» Obsérvese que Jovellanos no nombra a la reina por su nombre. Es «la parmesana», una extranjera por la que no siente simpatía alguna; un fruto perverso que por triste azar sube al trono de España, en los tiempos del despotismo artitrario. ¡Lástima que Jovellanos no se convirtiera en el Mirabeau que precisaba la España de fines del siglo XVIII! ¡Lástima grande, que con tanta frecuencia en nuestra historia los Lerena tengan más poder que los Jovellanos! Hoy sólo los eruditos saben que existió Lerena; en todo caso, nadie se atrevería a compararle con la prócer figura del patricio asturiano.

Pero no nos engañemos. Lerena sólo era una criatura de aquel régimen. Su muerte no produjo alivio alguno en la suerte de Jovellanos. En la corte seguirían mandando los que representaban el régimen oscurantista, más en la línea de María Luisa de Parma que en la del infeliz Carlos IV.

---

[13] *Ibíd.*, pág. 72.

2.—Otra vez Asturias

El viernes 27 de agosto, Jovellanos parte de Madrid, obedeciendo la orden regia. Va a pasar un período en observación, como sospechoso de resistencia a la voluntad del rey. Parece extremadamente inquieto, demasiado amigo de novedades, excesivamente inclinado a los aires que vienen del extranjero; un mundo extranjero que para España es sobre todo Francia, donde la Revolución, con mayúscula, está en marcha. Posiblemente sale a relucir, en los comentarios cortesanos, que aquel magistrado asturiano ya había demostrado una inquietante amistad con Olavide, al que había tenido que cortar los vuelos la Inquisición. Por lo tanto, había que estar sobre aviso con el tal Jovellanos.

Es evidente: Gaspar Melchor de Jovellanos sale de Madrid como sospechoso. Está apuntado en la lista de los proscritos. Lo pagará con un destierro de siete años; más tarde, esas sospechas acabarán con él en la prisión de Bellver.

De momento, sin embargo, Jovellanos sale de Madrid con una orden regia: continuar la misión que se le había confiado en Asturias, respecto a las posibilidades de la novedad económica del tiempo: las minas de carbón (el «carbón de piedra», como se dirá en los documentos de la época).

Y sale con cierta ansia, porque la atmósfera de la corte parece que está contaminada. El mismo viernes 27, en que informa a Porlier del acatamiento de la orden regia, duerme en Galapagar, a unos cuarenta kilómetros de Madrid; es la marcha que puede hacer en media jornada. El domingo come en Villacastín, cuya villa recorre, en especial para admirar la traza de su hermosa iglesia herreriana. Anota con cuidado sus pinturas y los ingresos del curato, con sus 20.000 reales anuales; una parroquia rica de 300 vecinos «y cerca de 1.500 almas». En Adanero admira su hermosa alameda de negrillos, ese esfuerzo de los hombres del siglo XVIII por dar sombra a los paseos de sus lugares, que nuestra furia arboricida ha hecho desaparecer en tantos sitios. En Martín Muñoz recuerda al cardenal Espinosa, el que fuera poderoso ministro de Felipe II; pero le llaman aún más la atención un centenar de pozos que servían para regar las huertas del lugar. Y se pregunta cómo no abundan más, arrancándose con este juicio sobre Castilla:

> ¿Qué bienes no resultarían a Castilla, a *este país árido, desapacible,* falto de leña, de frutos agradables, de población? [1].

En Valladolid, Jovellanos hará un alto en el camino. Diríase que, con la distancia, el susto mayor se ha pasado. Por otra parte, se aloja en casa del conde del Pinar y visita al presidente de la chancillería como si nada hubiera ocurrido, como si siguiera siendo el poderoso magistrado apoyado por la Corona. Sus amigos, conocedores de sus aficiones artísticas, le enseñarán lo mejor de los grandes escultores de la escuela castellana: Gregorio Hernández, Juan de Juni. Visita la catedral, San Pablo, San Gregorio. Pasea con sus amigos por el Espolón. Sin duda se habla un poco de todo, se aludirá a los sorprendentes sucesos que acaecen en la «enloquecida» Francia, se comentará algún hecho de la corte y se pasará revista a las novedades locales. Asiste a las tertullias de Valladolid, que acogen con curiosidad al ilustre viajero: la tertulia de Palazue-

---

[1] *Diarios,* III, 3.

los, el primer día; la de Catres, el segundo. El viernes 3, a mediodía, otra vez en marcha, para dormir en Medina de Rioseco,
notable por sus iglesias. Se le pasa desapercibida la impresionante
capilla de Benavente, con la hermosísima *Inmaculada* de Juan de
Juni, «la mejor interpretación del tema en el siglo XVI», a juicio
de María Elena Gómez Moreno; pero considera magnífica la iglesia
de Santa Cruz. El domingo oye misa en León. Duerme en pleno
puerto de Pajares. Su corazón se ensancha. Ha dejado atrás la árida
Castilla. Tiene ante sí la majestuosidad de la montaña, los verdes
prados con dispersos caseríos, los arroyos sin cuento, bajando en
cascadas desde las escarpadas cumbres. Y exclama:

¡Qué delicioso país!

Las zarzamoras, los escaramujos, las madreselvas adornan las
laderas de los montes. Es ya su tierra natal, su querida Asturias.
Dos días más tarde, tras pernoctar en Oviedo, alcanza Gijón.
Otra vez los hados familiares le ofrecen su sombra.
Como para recobrar fuerzas, Jovellanos descansará dos semanas en la casona familiar, antes de proceder a su misión sobre las
minas de carbón de su tierra.
Quizá fuera esta circunstancia a la que Jovellanos debió un trato
no demasiado severo por parte de la corte. Estaba en marcha en
Europa la revolución industrial, que cambiaría la faz de la tierra
en sus fundamentos económicos y con sus repercusiones sociales.
Era algo a lo que ningún régimen político podía escapar. Aparte
de los ingeniosos inventos que habían ayudado al capitalismo industrial, como la famosa *Jenny*, que empieza a aplicarse en los
telares ingleses en 1765; aparte, también, de la transformación del
antiguo artesano en el obrero, del trabajo de pequeño taller en las
grandes aglomeraciones fabriles y, en fin, de la obra maestra agre-
miada en la compleja división del trabajo, estarían los hechos
claves: la aplicación de la ciencia a la industria y la aparición del
primer gran invento (la máquina de vapor de James Watt) en 1775.
Esto es, la potenciación del trabajo fabril de forma acelerada.
Y para calentar esos motores era donde el carbón de piedra
entraba en juego.
Por tanto, en ese afán por modernizar España y por poner su
economía a la altura de los tiempos, era cuando importaba saber

a qué atenerse respecto a las posibilidades carboníferas de España. Se sabía que en Asturias había abundantes yacimientos; no pocas minas estaban siendo ya explotadas, pero la mayoría por procedimientos primitivos, sin la técnica adecuada. Estaba, además, el problema del transporte del material extraído, donde otra vez se acusaban los malos caminos. Es sobre esa situación acerca de lo que tenía que informar Jovellanos. De hecho, la misión no era pequeña y muy en la línea de los gustos reformadores de Jovellanos, que tan en alto ponía «las ciencias útiles». Nuestro patricio, como todos los prohombres de la Ilustración, hacía descansar la felicidad de los pueblos en un bienestar económico. En realidad, su admiración por Inglaterra, pese a su rivalidad con España, estribaba en los avances logrados por el pueblo inglés en materia de economía; por algo era también, además de la que sobrepujaba al resto de las potencias europeas por su comercio, por su industria y por sus avances técnicos, la que destacaba por sus teóricos, entre los que sobresalía la gran figura de Adam Smith.

Con ese ánimo, lleva a cabo Jovellanos sus inspecciones a las minas asturianas en el otoño de 1790. Pero, no olvidando sus gustos artísticos y aun arqueológicos, y por supuesto, su amor a la naturaleza, estos viajes resultarían de bastante más provecho que las tareas de una mera inspección de minas. Eso es lo que da un interés tan vivo a sus *Diarios*.

El domingo 19 de septiembre, después de oír misa —la nota religiosa siempre estará presente— sale Jovellanos de Gijón. Es un hermoso día de aquel final del verano. Jovellanos apunta:

Bella mañana. Situaciones deliciosas.

Bien sabido es cuán placentero resulta el mes de septiembre en los valles asturianos. En la primera expedición se trataba de inspeccionar la zona entre Oviedo y Arriondas; naturalmente, un hombre como Jovellanos no podía dejar la ocasión de acercarse al famoso santuario asturiano. Por lo tanto, el itinerario sería Oviedo-Covadonga.

Yo también he querido hacer ese recorrido, al modo de Camilo José Cela; es la mejor manera de adentrarse en el paisaje, de comulgar con la naturaleza. En una mañana veraniega, como el prócer asturiano, salí de Oviedo por la Tenderina, y como él apunté en mi *Diario:*

Bello camino y mejor país.

Pude comer en Pola de Siero, al estilo de la región; ya no existía, claro está, la «posada nueva» que acogió a Jovellanos, pero, como él, quedé encantado del trato, de la limpieza y de «la baratura» de la tierra.

¡Qué hermosura caminar por esa campiña! De Oviedo a Pola, de allí a Nava, a Infiesto, a «las» Arriondas y, en fin, a Covadonga. Ésas son las etapas llanas, en que se siguen los valles de ese pequeño paraíso astur. Pero el viajero impaciente, deseoso de llegar al santuario de la Virgen, puede atajar si va a pie —o, si acaso, cabalgando en mula frailera— desviándose hacia el sudeste en Soto del Rey y adentrándose en las montañas, en las últimas estribaciones de los Picos de Europa. Como todo atajo, no es sin trabajo, y lo que se gana en kilómetros se gasta en sudor y en fatiga.

Pero Jovellanos se desvió al norte, porque su objetivo era comprobar la mejor salida al carbón de la zona, siguiendo el curso del río hasta su desembocadura en Ribadesella. Tiene conocimiento de la existencia de minas de carbón medio abandonadas; el carbón era excelente, pero el problema del transporte era de difícil solución:

> ... la conducción es cara —anota Jovellanos— porque las chalanas cargan poco, hasta encontrar el Sella en las Arriondas, donde los barcos tienen ya más agua [2].

¿Cuál era el remedio? Cargar en carros hasta Arriondas, prefiriendo la ruta terrestre en el origen a la vía fluvial. Aquí se echa de ver la dificultad inicial de aquella España donde tan pocos ríos eran navegables, y esos pocos —como el Sella— en sus cortos tramos finales; mientras los caminos eran malos y, por ende, costosos.

También en Asturias las posadas estaban, frecuentemente, a nivel de los malos caminos. En Llanes, villa ilustre donde había pernoctado Carlos V, Jovellanos anota, cariacontecido:

> Posada particular, mala...

---

[2] *Ibíd.*, 6.

Pero, inmediatamente, le parece que ese calificativo es demasiado suave, y añade:

> ... mala, ¡pésima!, pulgas, humo...

No era sólo Jovellanos quien tenía que soportar los malos caminos y las pésimas posadas en busca de carbón. Pronto se encuentra con ingleses, que a veces parecen querer escabullirse. Otras se encuentra con naturales que hacen de hombres de paja:

> ... le sacó (el carbón) Oruña, por medio de los ingleses... [3].

De Llanes pasa Jovellanos a Onís cruzando la sierra de Cuera, extasiándose con su impresionante paisaje:

> ... a la izquierda, montañas elevadísimas, ovejas pastando en la más alta cima, y como colgantes de ella, cabras, más abajo vacas. Los pastores en algún pequeño rellano... Robles viejísimos en la rápida pendiente: algunos abatidos por su peso, cortado después su tronco, renacidos de la parte de su raíz pegada a la tierra, y de sus retoños otros robles altísimos levantados hasta el cielo. Hayas altísimas, derechísimas y muy frondosas. Abedules gigantes... [4].

En Cangas de Onís tiene la fortuna de toparse con la familia. Allí conoce a sus dos sobrinas María y Lorenza. Hay momentos para las expansiones afectivas. Los hay para las tertulias improvisadas, en las que los del lugar quieren aprovechar el encuentro con el prohombre conocido en toda la España ilustrada.

El regreso, a poco, por Colunga, Villaviciosa y Contrueces, al hogar de Gijón. La primera visita de inspección a las posibilidades carboníferas de la Asturias occidental ha terminado, para dar pie al informe del observador atento, para el ojo del economista. Pero también da la oportunidad al poeta, que si no sabe enristrar los versos los hace en prosa, al extasiarse ante cualquier acontecimien-

---

[3] *Ibíd.*, 7.
[4] *Ibíd.*, 8.

to de la naturaleza, como ante el reflejo del sol en el rocío, en las mañanas del todavía tibio otoño asturiano.

En la jornada a Ribadesella por Collín telas de araña hermoseadas con el rocío. Cada gota un brillante redondo...

Y comenta:

¡Cosa admirable! Hilos que atraviesan de un árbol a otro a gran distancia, que suben del suelo a las ramas... ¿Por dónde pasaron estas hilanderas y tejedoras, que sin trama ni urdimbre, sin lanzadera, peine ni *enxullo* tejen tan admirables obras?[5].

En su segunda expedición acompañan a Jovellanos el conde de Peñalva, con un hijo, y el magistral de Ibiza. Esto nos da idea del interés que despertaba ya todo lo que se refiere a la nueva riqueza de la región, que acabaría sacándola de la mísera situación en que se había hallado hasta esos momentos.

¿Será preciso recordar lo que supuso el carbón en los principios de la revolución industrial? En el siglo XVIII aún no se había descubierto su utilidad como fuente de energía para mover máquinas de transporte; pero ya se había abierto camino en Inglaterra la idea de que era preciso sustituir a la madera en la industria metalúrgica por el cok, obtenido del carbón de piedra; los Darby hicieron importantes progresos, a este respecto, desde principios de la centuria, devolviendo la esperanza a un sector industrial que parecía estrangulado por la falta de fuente energética adecuada.

Por tanto, no es un azar que medio siglo más tarde Jovellanos encontrara con frecuencia técnicos ingleses en las minas asturianas. Sin duda, eran contratados por los propietarios locales, como técnicos de reconocida fama, por sus avances logrados en Inglaterra. En Soto, la Compañía de Oruña comisiona a un inglés, y lo mismo en Ovio[6]. En su tercera expedición, Jovellanos visita una importante mina en Lieres «beneficiada, según arte, por los ingleses». Cómo se valoraba esta colaboración inglesa se echa de ver en los salarios que se les pagaba. El inglés que dirigía la explotación de

---

[5] *Ibíd.*, 9.
[6] *Ibíd.*, 7.

la mina de Lieres cobraba veinte reales diarios; el español que le sucede en esas tareas, sólo ocho [7].

Por lo tanto, tenemos a nuestro patricio vinculado a estos tanteos de poner al día las estructuras económicas de España. Era, si se quiere, satisfacer con ello al *homo oeconomicus* que había en todo prohombre ilustrado. ¿Qué pasaba entre tanto, con el hombre de carne y hueso, capaz de afectos y de ilusiones? ¿Es que Jovellanos había anulado definitivamente su vena amorosa? Difícil es saberlo. Resulta, en verdad, harto sospechoso que un hombre, al que no obligaba ningún voto religioso, hubiese renunciado al mundo de la mujer. En los apuntes de su diario se echa de ver, de cuando en cuando, que seguía siendo hombre y que reaccionaba ante el atractivo femenino. Al parar en casa de los Ribero alabará de la hija su «hábil y excelente crianza». En las tertulias y paseos con los notables locales, raro es que no anote la presencia de una mujer. Cerca de Avilés para en la venta de San Sebastián, anota quiénes eran los venteros y añade:

> Tienen una hija de *linda figura,* despierta y bien criada.

Al describir el cultivo del maíz, como algo tan entroncado ya en el folclore asturiano, no se olvidará de la *esfoyaza,* que aún seguía viva hace medio siglo en las aldeas del interior; se trata de la operación de descubrir el grano de la mazorca, para formar ristras con las hojas. Es tarea a la que acuden a los caseríos los mozos y mozas de la aldea, pasando así de forma rotatoria por cada casa de labranza: Jovellanos trata el tema como algo visto y conocido por él desde niño:

> Esta operación —nos dice— es de mucha alegría. Se canta mucho. Se tiran unos a otros las panoyas. Se retoza...
> Esta esfoyaza —añade— es siempre de noche y acaban a la una o las dos. Entonces los galanes acompañan a las mozas hasta sus casas, que suelen ser distantes...

¿Hace falta mucha imaginación para pensar en esas caminatas nocturnas, a las tantas de la madrugada, hasta llegar a las casas de

---

[7] *Ibíd.,* 12.

las mozas, «que suelen ser distantes»? Todo eso parece palpitar en el relato de Jovellanos. ¡Cómo rezuma ese ánimo alegre y festivo del asturiano, del que nuestro patricio no duda en participar, cuando la ocasión se presenta! El 23 de octubre de 1790, sábado por más señas, visita en Arenas la casa de don José Argüelles, «llamado de la Cabezada». Y anota escuetamente:

> Por la tarde, toda la familia de Argüelles; bulla y diversión gran parte de la noche [8].

El tema de la mujer está presente, con gran frecuencia, en los *Diarios* de Jovellanos. Baste lo que nos dice en su primer viaje a Bilbao. Sin motivo aparente —al menos de tipo oficial— visita la casa de madama Barrenechea, «llamada la Brigadiera». Hay aquí un perfume erótico, rematado con este lamento:

> ... no vimos a su hija [9].

No deja de celebrar las bellezas que encuentra en sus viajes. En Begoña, y en casa de don Ventura Gómez de la Torre y Jaraveitia, un patriarca de la región, admira a doña Francisca Mazarredo, «blanca y bastante bien parecida», pero sobre todo a Pepita Landecho, que le encandila y de la que hace este retrato:

> ... morena, ojos negros y vivos, boca muy graciosa y trato amable.

En todo caso, lo que no cabe duda es de que, con una exquisita elegancia, Jovellanos jamás nos hará una confidencia de sus inquietudes amorosas. Sólo de su etapa de Sevilla, y a través de algunas de sus poesías, cabe suponer que alguna vez, al menos, le acertó «la flecha que le asignó Cupido», en frase machadiana. ¿Tuvo después alguna aventura erótica? ¿Llegó a tener una amante, acaso entre alguna de sus admiradoras, o su entorno familiar, o en el círculo de sus amistades? Habría que pensar en la misma servidumbre, porque en aquellos tiempos la muchacha era la sirvienta; esto

---

[8]   *Ibíd.*, 13.
[9]   *Ibíd.*, 25.

es, tenía algo de esclava, y como tal era frecuentemente tratada. Pero nada puede afirmarse.

En ese terreno, el prohombre ilustrado supo guardar bien su secreto. Hay algo, en suma, de mágico misterio en la vida amorosa de Jovellanos.

3.—El gran viaje

Una vez terminada su tarea de inspección de la zona carbonífera asturiana, Jovellanos pudo confiar en que sería llamado a Madrid. Vana esperanza. Él ya estaba en la lista de los sospechosos. De momento, el poder arbitrario y despótico de Carlos IV se conformaría con tenerlo a raya, en aquel destierro de hecho, aunque no se le dictara tal sentencia.

En agosto de 1791, Jovellanos emprende su gran viaje por la cornisa cantábrica, hasta alcanzar el País Vasco, regresando por Castilla la Vieja y el reino de León. En ese viaje, Jovellanos llega hasta la frontera francesa. Si recordamos lo que entonces sucedía en Francia, tendremos alguna explicación.

En efecto, en junio de 1791, Luis XVI había intentado salir de Francia con la reina María Antonieta y sus hijos. Había sido un intento de fuga preparado con mucho cuidado por el noble sueco Axel de Fersen. Pero, por desgracia para él, aunque la fuga de palacio se realizó sin tropiezo, el rey fue reconocido por el pueblo en Varennes, teniendo que verse obligado a regresar a París. Se convertiría ya en un prisionero, sobre el que poco a poco se iba a proce der al acorralamiento más extremo, hasta llegar a su proceso y muerte.

Pero eso sería después. Por el momento, lo que se sabía en España era el intento fallido de la regia fuga y el consiguiente endurecimiento de la postura popular. Ciertamente, a la corte española llegó, entrado el mes de julio, la carta del emperador Leopoldo II de Austria, escrita en Padua, en la que comunicaba a las potencias europeas su preocupación por la suerte de la familia real francesa; no en vano Leopoldo II era hermano de la reina de Francia, la célebre María Antonieta. En su carta, Leopoldo no se mostraba contrario a los principios constitucionales que había dictado la Revolución francesa triunfante, sino a sus violencias y, en particular, a las que afectaran a la familia real francesa, amenazando en caso contrario, con una guerra de venganza contra el pueblo francés.

Por lo tanto, el panorama internacional se estaba oscureciendo. La corte madrileña era la más directamente afectada. Los Borbones españoles no podían permanecer indiferentes a las exhortaciones del emperador.

Eran los últimos meses del gobierno de Floridablanca, que había realizado una política enérgica frente a la propaganda revolucionaria que entraba por la frontera francesa, pero que se mostraba vacilante en cuanto a la actitud a adoptar en defensa de Luis XVI y de su mujer, María Antonieta.

En esa situación, ¿cabe relacionar el gran viaje de Jovellanos con todo lo que estaba ocurriendo? Aunque en su *Diario* no haga ninguna referencia, no deja de llamar la atención que en San Sebastián visite a Cabarrús, sin duda pariente de su amigo, caído en desgracia. En todo caso, los Cabarrús tenían estrechas relaciones con los políticos de la Revolución francesa. Baste recordar el papel que pronto empezó a ejercer Teresa Cabarrús, la hija del hacendista de Carlos III, que tanto contribuiría a la caída de Robespierre en 1794.

Pero todavía estamos en 1791.

De su entrevista con los Cabarrús en su casa de San Sebastián, nos dejaría Jovellanos esta escueta referencia, muy al estilo de su carácter:

Visita a Mr. Cabarrús en su quinta.

Se lamenta Jovellanos de que el tal Cabarrús no acudiese en su busca, lo que prueba que estaba informado del viaje del prócer asturiano; pese a ello, va a visitarle en su morada, porque había razones, sin duda, que lo abonaban, haciendo caso omiso de tales etiqueteos. Sólo anota quejoso:

> Debió él verme...

Pero al punto añade:

> Mejor es pasar de lo que se debe. Por eso le vi yo.

¿De qué hablaron Jovellanos y Cabarrús? No lo sabemos. Lo que resulta evidente es que ése fue el punto final del viaje. A partir de esa entrevista, Jovellanos comienza su regreso. Cuando pasa por Hernani, antes de entrar en San Sebastián, visita al marqués de Iranda y promete comer en su casa a la vuelta[1]. En la mañana del 26 de agosto se produce la entrevista de San Sebastián e inmediatamente inicia su regreso, comiendo esa misma mañana, como había prometido a la ida, en casa de los Iranda, yendo despacio, pues su caballo cojeaba[2].

Todo hace pensar, pues, que el objetivo final de este largo viaje, encubierto con las aficiones arqueológicas y económicas de Jovellanos, fuera esa entrevista con los Cabarrús, aunque de ella sólo nos deje este breve retrato de aquella familia:

> Buen hombre; buena mujer; seis hijas feas, bien criadas. Su hijo empleado en la Compañía de Filipinas, residente en Pasajes[3].

Ahora bien, ese mismo misterio con que se trata la entrevista con la familia de Cabarrús —el cual, recordemos, aún seguía en prisión— parece una demostración de que Jovellanos no era un

---

[1] «*Hernani*, ya de noche. Detención a ver al marqués de Iranda; aloja en casa de su hermana, doña Rosa Daragorri. Oferta de comer en su casa a la vuelta» *(Diarios,* ed. cit., III, 34).

[2] «Le sacó un clavo al caballo; continuó cojo hasta Hernani. Apeamos en casa de Iranda...» Y poco después: «Comimos muy delicadamente y recibimos mil atenciones» *(Diarios,* III, 36).

[3] *Ibídem.*

enviado del Gobierno. De hecho, en junio de 1791 aún pugnaba por recobrar la gracia del rey, que había perdido con su protesta pública por el proceso de su amigo. Por esas fechas, ya había acabado los informes sobre la situación carbonífera en Asturias, que era la misión que se le había encomendado. Al mandarlos a Madrid sugería la conveniencia de ampliarla con una visita a los establecimientos que la Marina tenía en La Cavada, y añadía:

> No quiero gratificaciones ni premios. Una sola cosa me hace desear mi situación, y es un testimonio público de conservar la confianza del Rey [4].

Esa gracia del rey aún la estaba esperando cuando vuelve del País Vasco. Al llegar a Valladolid, el 1 de septiembre, ¿con qué se encuentra? Lo anotará en su *Diario:*

> Señales de lástima o desprecio hacia mí de los que me ven, según sus aficiones.

A lo que Jovellanos ofrecerá una conducta estoica:

> Indiferencia y seguridad de mi cara [5].

En contraste, parece que el Consejo de las Órdenes Militares seguía confiando en él, y que deseaba que completase su visita al Colegio de Calatrava con la de los colegios de Santiago y Alcántara. Pero también para esto necesitaba Jovellanos los despachos pertinentes, que no le llegarán hasta su regreso del País Vasco. Sí obtuvo autorización para ir a La Cavada, pero el llegar hasta San Sebastián fue decisión personal, aunque justificándolo para comprobar la posibilidad de que el carbón asturiano desplazase al inglés en el País Vasco [6].

Por lo demás, el diario del viaje nos da multitud de referencias,

---

[4] Carta a don Antonio Valdés, Gijón, 15 de junio de 1791 (en *Obras,* ed. cit., IV, 176).

[5] *Diarios,* ed. cit., III, 45.

[6] Del mismo al mismo, Valladolid, 7 de septiembre de 1791 *(Ibíd.,* IV, 178): «Yo me resolví a correr la Guipúzcoa, la más cultivada, plantada e industriosa provincia del reino. Esta detención, por otra parte útil para mi instrucción, no fue dañosa a mis encargos...»

no sólo sobre la España de la época sino también sobre el carácter de Jovellanos.

Como siempre, Jovellanos es el ilustrado que quiere verlo todo, conforme va de uno a otro de aquellos pueblos y ciudades del norte de España y de la meseta superior. Todo le interesa; y apunta con cuidadoso detalle lo más sobresaliente de los monumentos, del paisaje, de la economía de cada lugar, incluso de sus costumbres; y, por supuesto, de los caminos, de las posadas, y de las personas con las que trata.

Así, admirará en San Vicente de la Barquera la espléndida escultura fúnebre del inquisidor Corro, «uno de aquellos ignorados monumentos que más merecen la pública noticia». En Santillana, visitará el archivo de la colegiata, eso sí, sin extasiarse ante el claustro románico. Tampoco le llamará demasiado la atención la catedral de Santander, «que es una mezcla del gusto del siglo XIII y algo de los anteriores»; más celebra la antigua iglesia de los Jesuitas, «lo mejor que hay de arquitectura en Santander... propio del gusto de Juan de Herrera». En Bilbao, halla dificultades para el alojamiento, a causa de los emigrados franceses. La noticia merece la pena recogerse:

> Dificultades de hallar posada por estar todas ocupadas con los franceses refugiados: cerca de treinta están en la del *Tuertecillo,* donde apeamos.

Allí se mezclaban la aristocracia de la toga con la milicia y el clero:

> El presidente de Burdeos y su familia, un conde coronel, un clérigo y un oficial se presentaron a la mesa redonda [7].

Por cierto, la alta burguesía ya se iba de vacaciones en el verano. Y Jovellanos nos relata el encuentro con el oidor Campomanes y el alcalde Sesma, de Pamplona, «que viajan en sus vacaciones estivas» [8].

---

[7] *Diarios,* III, 25.
[8] *Ibídem.*

Alaba el «excelente» empedrado de Bilbao y su buen alumbrado, así como el carácter festivo de sus habitantes:

> ... se le regulan tres mil vecinos, pero deben de pasar de quince mil almas, según hierven... [9].

No le maravilla la industria del País Vasco, comparada con Asturias:

> Sin las franquicias, estas provincias serían muy inferiores a nosotros.

Eso le arranca una queja del fondo del alma: los males de Asturias:

> ¡Pobre Asturias, vecina a estas provincias (la Montaña y el País Vasco) tan favorecidas con las franquicias, y a La Coruña con los correos, y oprimida con todo el peso de las exacciones fiscales y con la falta de comunicación, que desalientan su industria y ahogan sus esfuezos patrióticos!

Y formula, tajante, la solución:

> Caminos y la franquicia del puerto de Gijón deben ser el objeto de sus deseos [10].

Hace una excursión especial para ver el santuario de Loyola, que describirá minuciosamente. Admira sus mármoles, pero su formación neoclásica le hace rechazar el barroco de su traza, diseñada por Fontana, que él toma por obra de Borromini.

> La portada de la iglesia —nos dirá— es de feísima arquitectura... [11].

Pero, sobre todo, lo que más le interesa es el funcionamiento del seminario de Vergara, una de las instituciones educativas más

---

[9] *Ibíd.*, 26.
[10] *Ibíd.*, III, 28.
[11] *Ibíd.*, 32.

avanzadas de la España dieciochesca, que llevaba un cuarto de siglo de existencia.

Vergara: aún sigue latente esa nota ilustrada, y el recuerdo de la obra educativa del conde de Floridablanca, que se alzaba como personaje paradigmático a los hombres de la Ilustración. El viajero recorre silencioso sus calles y plazas, admira sus nobles casonas de piedra oscura por la lluvia, hermosos balcones, grandes aleros y puertas adornadas con los escudos familiares: casona de los Gáuregui, los Gaviria, los Ozaeta. Al fondo de una calleja puede asomar la nota verde del monte cercano. En las iglesias, como en la de San Pedro, quizá contemplemos un *Cristo* de Juan de Mesa, o el lienzo del *Nacimiento* de Ribera.

Y está, ante todo, el seminario. Cuando Jovellanos llega a Vergara, el 28 de septiembre de 1791, lo encuentra semidesierto, por las vacaciones veraniegas, pero apunta cuántos eran sus alumnos y profesores: 76 seminaristas y 10 maestros residentes, amén de otros 12, externos. Más que en ningún otro sitio trata de escudriñarlo todo; no en vano tiene ya en la mente su Instituto Asturiano de Gijón. Y así anota:

> Las camas, los dormitorios, el tinelo o comedor, todo está limpio, y en los niños no se advierte desaseo; llevan todos su pelo, *cosa que no apruebo,* y en general tienen un aire bastante suelto...

¿Y cómo era la enseñanza? ¿Qué materias se impartían? Latín, Retórica, Matemáticas en las primeras letras. Cuando el seminarista llegaba a los dieciocho años se le permitía llevar una vida social: paseos, tertulias, conciertos. Estaba también el ejercicio físico, centrado —estamos sin duda en el País Vasco— en el tradicional juego de pelota.

Jovellanos asistió a uno de los conciertos, donde tocaban seis seminaristas las sonatas de Pleyel.

Al día siguiente, ante la amenaza de viruelas, cabalga hacia Vitoria.

Una vez más, lo querrá ver todo: la plaza Nueva, que le parece bella y sencilla («la única de España sobre un plan»), obra de Olaguibel, el discípulo de Ventura Rodríguez; las iglesias de Santa María, de San Francisco, de San Miguel; el paseo del Espolón, a la salida hacia Castilla. En las iglesias admira sus obras de arte: un Van Dyck en la colegiata de Santa María, las tallas de Gregorio Hernández en San Miguel. Le maravilla la *Inmaculada* de Carreño de Miranda.

Estamos, como siempre, ante el viajero de la Ilustración, ansioso de verlo todo, de conocerlo todo, con espíritu enciclopédico, cual estaba en el ambiente culto, bajo la influencia francesa. No importan las fatigas del viaje, no merece la pena perder el tiempo en festejos o en descansos. La vida del viajero en el siglo XVIII es dura porque va contra-reloj; porque el viajero tiene para sí que quizá sea la única vez que pasa por aquellos sitios, y que lo que no vea y admire, ya no tendrá ocasión de verlo y admirarlo nunca más. De ese modo, el viajero es como un coleccionista de recuerdos. Viajar es, sobre todo, acumular hermosas vivencias, para después revivirlas en las horas tranquilas. Hoy el viajero se ayuda de la foto o del vídeo; entonces acudía a las notas y a los diarios; en suma, a la pluma.

Al llegar a Vitoria, Jovellanos anota:

> Comí poco. Dormí alguna siesta y salí a ver cosas [12].

Porque ésa es la norma del viajero: verlo todo. Lo demás, poco importa.

Viajar para conocer la patria. No era un placer, al menos no como lo entenderíamos los hombres de finales del siglo XX, porque las incomodidades agobian al viajero del siglo XVIII, hasta el punto que son la mayoría los que prefieren no moverse de donde han nacido, y si la miseria o el espíritu de aventuras no les empuja y les arranca de su pueblo natal, allí viven todos los días de su vida.

Porque, ¿cómo viajaba Jovellanos? Al menos el gran viaje lo hizo a caballo hasta Vitoria, cogiendo allí la diligencia. Iba con dos criados y cuatro caballos; sin duda, el cuarto para el equipaje.

Tal impedimenta acarrea un gasto no pequeño; un problema, cuando no se hace a costa del Estado. Al llegar a Vitoria Jovellanos ha gastado ya 1.734 reales. Con sentido realista comenta:

---

[12] *Diarios*, III, 39.

El bolsillo se va apurando.

Pero, siempre animoso, se lo echa a la espalda:

A dormir, que hay que madrugar[13].

Porque ésa era otra. El viajar entonces obligaba a unos madrugones impresionantes, mayores aún que ésos a los que tan acostumbrados están los cazadores. Con frecuencia, en el verano, antes de las cuatro de la madrugada, o por emplear una expresión más exacta, «al rayar el día». Se viajaba mientras había luz, con una parada larga al mediodía para comer, terminando la jornada al caer la tarde. Con qué fatiga, no hay que decirlo. «No puedo seguir de sueño», escribe Jovellanos en una ocasión[14].

No era menos madrugadora la diligencia que hacía el recorrido entre Irún y Madrid. Jovellanos la coge en Vitoria hasta Burgos y anota en su diario:

Prontos a las tres para salir en diligencia[15].

Por supuesto, la diligencia era el gran avance, la gran comodidad, pero entonces sólo existía ese servicio en tramos determinados, siendo el mejor el que enlazaba la corte con la frontera francesa. Frente a los fatigosos viajes a caballo, la diligencia era ya como un anticipo del final de las fatigas; como quien está cansado de horas y horas de volante y coge, al fin, un autobús o el tren.

Pienso tomar mañana —escribe Jovellanos en Vitoria— la diligencia y dormir en Burgos, y después de mañana en Valladolid, y *descansar de tantas fatigas...*[16].

La velocidad nos habría parecido mortal: el tramo entre Briviesca y Madrid —sobre 45 kilómetros— en cuatro horas, a una media de 11 kilómetros a la hora. Aun así, hacer los 236 kilómetros

[13] *Diarios,* III, 42.
[14] *Diarios,* III, 31.
[15] *Ibíd.,* 42: «... arrancamos a las 3 y 1/2...», anota después.
[16] *Ibíd.,* 40.

que separan Vitoria de Valladolid en dos jornadas hubiera sido impensable en el siglo XVI, salvo para el correo del rey.

Los 115 kilómetros que separan Valladolid de Salamanca se hacían en dos jornadas a mediados del siglo XVI. Todavía a principios del siglo XVII ése es el tiempo que tardaba el estudiante florentino Girolano da Sommaia, que estudia en la Universidad salmantina; por supuesto, los pasos difíciles entre montañas alargaban el viaje[17]. Lo que supuso la diligencia fue, sobre todo, arrancarle sus mayores posibilidades a la técnica de la tracción animal, organizando un transporte ordinario de viajeros, con puestos fijos para los cambios de tiro y con posadas al final de cada jornada. Está claro que la diligencia no supone una revolución en el transporte de viajeros, que se mantiene sobre la técnica tradicional de la tracción animal; sólo una racionalización de sus posibilidades, asegurando una regularidad. El viaje empieza a dejar de ser algo esporádico que monta cada viajero, para convertirse en un negocio permanente llevado por una empresa. En eso radica su gran novedad. Su imposición en Europa era relativamente reciente, y en España algo de los últimos años del gobierno de Floridablanca. Bourgoing nos da la fecha exacta: en 1789, el año de la Revolución francesa. Tres años más tarde puede él realizar el viaje en diligencia desde Bayona a Madrid. El trayecto se hacía en seis días en verano y ocho en invierno; la causa, evidentemente, estaba en relación con las horas de luz, ya que se partía al romper el día y se llegaba al oscurecer. La diligencia, tirada por mulas, tenía seis plazas y funcionaba dos veces por semana. De forma que el tráfico de viajeros por tierra entre España y Francia no pasaba de los 600 al año, en esta ruta principal y por la diligencia. Había otros pasos y un goteo de viajeros que usaban otros medios, pero esto nos da idea de las limitaciones que tenían los viajes de la época. Sin viajeros, los buenos caminos y las buenas posadas eran imposibles[18].

En cuanto a la velocidad en los viajes, como las subidas de las cuestas eran lentísimas, se compensaba poniendo las caballerías al

---

[17] Véase mi libro: *La sociedad española en el Siglo de Oro* (Premio Nacional Historia de España 1985), Madrid, 1984, pág. 984.

[18] BOURGOING, «Un paseo por España», en *Viajes de extranjeros...*, de GARCÍA MERCADAL, *op. cit.*, III, 934 y sigs.

galope en la primera ocasión propicia, produciendo la consiguiente
alarma en los viajeros. «El coche —escribe alarmado Jovellanos al
salir de Dueñas— corre *desaforadamente...*» [19]. La alarma estaba
justificada, porque las diligencias eran a menudo carruajes viejos
y destartalados. Al salir de Briviesca vuelca y el susto es morro-
cotudo:

> A la legua de Briviesca —anota Jovellanos—, en llano,
> nos dieron un terrible vuelco que pudo tener tristes conse-
> cuencias; el coche, viejo y malparado, se abrió por todas
> partes...

No hubo heridos, sólo contusiones, pero el susto fue mayúscu-
lo, que la perspectiva de quedarse tiempo y tiempo a la intemperie,
bajo un sol de justicia, en plena tarde de aquel 31 de agosto, hacía
aún más fuerte:

> Eran las tres y media —cuenta Jovellanos—, el calor gran-
> de, las poblaciones distantes y los auxilios ninguno. El rato
> fue cruelísimo. Al cabo de una hora de general fatiga, se logró
> levantar el coche y darle un tortor para ir al próximo lugar,
> donde se le acabó de fajar, y así continuamos, no sin gran
> sobresalto [20].

¿Y cómo dormir aquella noche? Aunque habría para preguntarse: ¿Cómo tuvo aún Jovellanos humor para hacer nada aquella
noche? Llega a Burgos a las nueve, pero en vez de retirarse a
descansar, visita al punto a sus amistades: va a casa de Ibáñez,
donde acuden los amigos. Se habla de todo: de las novedades de
la corte, de sus viajes, de sus comisiones. Después, una cena ligera
a medianoche: Jovellanos, leche sin más; su amigo, chocolate.
Resultado, que como el coche para Valladolid salía a las tres y
media, sólo quedara hora y media para dormir; evidentemente, se
continuaría dormitando en el viaje. Pero no fue posible contemplar
nada de Burgos, así que aquel viajero que lo anotaba todo, como

---

[19]   *Diarios*, III, 45.
[20]   *Ibíd.*, 44.

si su pluma fuera una máquina fotográfica, tiene que apuntar apenado, para su descargo:

Nada vi, ni tampoco a la salida, también de noche [21].

Y como su afán es verlo todo, cerca del monasterio de San Isidro de Dueñas se apea para ver la iglesia, aprovechando que el coche había de hacer una parada en la villa. También quiere saber, por los aldeanos, la cuantía de la cosecha. En esto, y en pleno descampado, sobreviene una fuerte tormenta, que le coge sin remedio, empapándole y haciéndole darse a todos los demonios:

Relámpago, trueno, nube. Aprieto el paso pero sobreviene la lluvia. Solo, a pie, en cuerpo y poco a poco, pues no hay remedio, la tomo toda sobre mí. Llego a la posada hecho una sopa y un veneno... [22].

Porque ésa era otra: las posadas, maldito lo que valían generalmente. Con aquel goteo tan pobre de viajeros, ¿qué posadas podía haber? Una cosa estaba en relación con la otra. Bien sabido es que ése era el gran temor de los extranjeros que se atrevían a adentrarse por España, bien reflejado en el divertido relato de la condesa D'Augnoy de finales del siglo anterior. En no pocas ocasiones, Jovellanos haría bueno el relato de la aventurera francesa. En San Vicente de la Barquera nos dirá:

Pésima, perversísima posada [23].

En Somorrostro:

Malísimo camino; en éste, malísima posada.

En Azcoitia:

Estamos en una pésima posada, digna de Galicia.

[21] *Ibídem.*
[22] *Ibídem.*
[23] *Ibíd.*, 19.

Y añade, compungido:

Prevengo que las camas son inmundas, y voy a dormir vestido [24].

Por suerte, sólo en Osorno, en su excursión por Tierra de Campos, topa con el peor enemigo del viajero: las chinches [25]. Y en ocasiones, aunque sean las menos, también puede alabar alguna fonda, como la nueva de San Sebastián:

A la posada nueva, buena y bien servidos. Mira a la plaza. Comimos bien... [26].

Por lo tanto, la vida del viajero era verdaderamente dura, con los únicos atractivos de contemplar las cosas del mundo (arte, industria, paisaje) y de ver a los amigos, algunos conocidos sólo epistolarmente. Cierto que de cuando en cuando caía alguna comilona hecha en buena compaña. En Llanes, donde Jovellanos tenía buenos amigos, se bebe y se baila. Es un día completo, con hermosas mujeres. Por la mañana se visita a las amistades, por la tarde se acude a la fiesta del lugar. «Bella mañana y tarde», anotará nuestro viajero. Pero será en el País Vasco, y en la villa de Éibar donde tiene lugar la gran comilona, en la casona de don Juan Esteban Bastinduy, hombre de empresa, que tenía una fábrica de armas. La casa era espléndida, con la novedad del agua corriente. «Todo respira aseo y comodidad», anota Jovellanos. Después de la visita a la fábrica vino la comida, sólo para hombres, con ocho comensales:

Hubo buen humor y buena comida.

¿Y el menú? Asado de entrada y después pescados: calamares, anguilas, truchas. Siguieron magras y guisado. Más tarde las frutas, entre las que llamaban la atención unas ciruelas como huevos de gallina. Por último, bizcochos bañados y confituras. Todo bien regado con vino generoso, para terminar con anisete. Que después

---

[24] *Ibíd.,* 31.
[25] «Mala noche por las chinches, no probadas por mí en todo el verano» *(Ibíd.,* 49).
[26] *Ibíd.,* 34.

de tal comida Jovellanos tuviese valor para seguir viaje a caballo hasta Elgóibar, nos indica hasta qué punto estaban mentalizados los viajeros de entonces de que lo importante era viajar, aún más que vivir [27].

Jovellanos es el hombre ilustrado, el enciclopedista que todo lo quiere ver y todo lo apunta. Pero yo diría también que va más allá y que de momento —estamos en 1791— no ve con malos ojos lo que está ocurriendo en Francia, que acaba con el viejo sistema feudal que tanto entorpecía el progreso. En su *Diario* del gran viaje no hay ninguna nota de simpatía a favor de los emigrados franceses, con los que se topa en Bilbao, donde no encontrará posada en qué alojarse por estar ocupadas con los refugiados franceses, ni en Vitoria, donde ha de compartir la diligencia hasta Burgos con dos guardias de Corps franceses «antirrevolucionaristas», de los que recogería después sus nombres «si quieren decirlos» [28].

Una vez en Valladolid, Jovellanos tiene ante sí la verdadera comisión de su viaje, tal como se le exigía la corte: la ida a Salamanca para visitar los colegios de Santiago y Calatrava.

Era su segundo viaje a Salamanca. Era la ocasión de verse de nuevo con su gran amigo Meléndez Valdés. Por otra parte, podría concluir la misión que le había confiado el Gobierno y la esperanza de, por ese medio, recuperar la gracia real (cosa que evidentemente dependía más de elementos oscuros de la corte que del propio Carlos IV).

Salamanca, pues, en el horizonte. Y, en el camino, lugares tan atractivos como Simancas, Tordesillas y Alaejos. Tordesillas, con el recuerdo de la reina Juana la Loca, era lugar de visita imprescindible. También Alaejos, donde el viajero se dejaría impresionar por las airosas torres de Santa María y San Pedro. Pero, por supuesto, el plato fuerte lo constituía Simancas, con su ya célebre Archivo. Lo que suponía tal depósito documental para un hombre ilustrado del siglo XVIII, no es necesario subrayarlo. Ya se hallaba allí la documentación principal que había generado la monarquía católica desde los Reyes Católicos hasta Carlos II. Por lo tanto, todo lo referente a la historia política y diplomática. Sin embargo, mostrando unas ideas que le hacían adelantarse más de un siglo a

---

[27] *Ibíd.*, 31.
[28] *Ibíd.*, 31 y 43.

su época, a Jovellanos le llamarían sobre todo la atención los papeles de la Real Hacienda,

> .. esencialísimos —nos dice— para nuestra historia civil y económica, pues contiene el estado de la población, agricultura, industria y rentas de los pueblos de la Corona de Castilla, en los finales del siglo XV y parte del siglo XVI[29].

Simancas. El viajero es ahora un estudioso de la historia de su patria en la Edad Moderna. Acude al Archivo mañana y tarde desde la cercana villa de Valladolid, donde vive. Tiene veintidós, veinticinco o treinta años. Quiere conocer mejor el pasado. Quiere desvelar algunas de las muchas interrogantes para las que no encuentra respuesta convincente en los libros de texto al uso. Y acude allí para descifrar sus documentos, a veces tan llenos de polvo que dan prueba de no haber sido vistos antes por nadie, desde que han sido archivados. De cuando en cuando, levanta la vista fatigada y mira, a través de los ventanales, el cielo de Castilla. Algunas veces, sale a dar un paseo por entre sus murallas, para asomarse al páramo, o bien al pinar que se mira en el Pisuerga.

Simancas. El castillo más representativo, acaso, de nuestra historia, donde el estudioso aprende a conocer otras gentes, con sus afanes, sus ilusiones y sus temores, donde al preguntarse sobre la historia se pregunta también sobre la vida.

Simancas en el siglo XVIII. «Famoso archivo», anotará Jovellanos, que quisiera ver sus estancias llenas de investigadores, y a sus archiveros trabajando noche y día. En claro contraste con nuestros días, en que Simancas tiene merecida fama en el mundo entero por la capacidad y la eficiencia de sus archiveros y archiveras, el espectáculo que se ofrece al prócer ilustrado era desolador: lo regía un secretario, descendiente por línea directa del primer archivero; era un buen hombre, atento, pero poco trabajador. En cuanto a sus oficiales, un desastre; eran todos

> ... unos solemenes holgazanes y amén de eso, ignorantes y misteriosos hasta el fastidio...[30].

En el camino de Salamanca, pasado Alaejos, Jovellanos sufre otro accidente. Su coche, posiblemente por estar atravesado un

---

[29] *Ibíd.,* 57 y 58.
[30] *Ibíd.,* 58.

leño en el camino, sufre un vuelco aparatoso. El coche quedó malparado y Jovellanos se lastima en ambas piernas. Acude el pueblo y asiste, solícito, sólo a los cocheros, aunque habían salido mejor librados. Nadie echa una mano al señorón que va dentro, que tiene que habérselas por sí mismo. ¿Acaso la marejada anti-señorial que cruza Francia de parte a parte ha llegado ya a España? Es posible que pueda percibirse algún reflejo. Pero Jovellanos lo tomará con aire estoico: el odio al señor estaba en el ambiente, y un afán igualitario se respiraba por doquier. Todo lo cual le arranca este comentario:

> ¿No es esto una prueba de la preocupación con que se mira a los que tienen aire de señores? El hombre, suspirando siempre por recobrar su natural igualdad, mira con gusto el sufrimiento de los que la alteran y ayuda con el mismo a los que están a su nivel, como que a ellos sólo tiene por sus semejantes [31].

En Salamanca, al fin, donde llega Jovellanos en la mañana del 3 de octubre. Tiene la posada en la calle de Bermejeros, en una casa nueva, donde queda bien alojado [32].

Las visitas a los colegios no dejan de tener sus dificultades. El Colegio de Alcántara le acoge bien, pero los colegiales del Colegio del Rey le reciben en balandrán, y no con sus mantos, como indicando que no querían dar importancia a la inspección del magistrado. Jovellanos lo toma como una falta de respeto que no tolera; pero no puede impedir que sus despachos, aunque recibidos con el rito de la obediencia que se debía a los documentos regios, fueran admitidos sin protesta.

También visitó Jovellanos los Colegios Mayores, inspeccionando quiénes los componían, el estado de sus instalaciones y la cuantía de sus rentas. Se entiende que, como todos los visitadores, fuera acogido con recelo. Estaba en el ambiente que los Colegios Mayores se habían transformado en los peores enemigos de la verdadera reforma universitaria, que tanto acuciaba.

Por lo tanto, problemas de ayer siempre vigentes: en este caso, el de la reforma de las enseñanzas. Conseguir estudios a la altura

---

[31] *Ibíd.,* 60.
[32] «Casa nueva, buena habitación, buen despacho» *(Diarios,* III, 61).

de los tiempos sería una de las obsesiones de Jovellanos, que pronto trataría de llevar a la práctica en Gijón, a su regreso: Qué se había de explicar, quién lo había de hacer, para quiénes, y sobre qué textos; los cuatro problemas capitales de toda enseñanza de calidad, ayer como hoy, en lo que van implícitos la debida selección del profesorado y el adecuado plan de estudios. ¿Debían primarse las ciencias sobre las letras? A esa magna cuestión trataría de responder Jovellanos con su fundación asturiana de Gijón.

En Salamanca, Jovellanos viviría a lo reformador durante más de un mes; pero, naturalmente, también vivió el hombre. Allí tuvo ocasión de convivir con antiguos amigos, en especial con el poeta Meléndez Valdés.

«Vi a muchos de mis buenos amigos», escribe Jovellanos a poco de llegar a Salamanca. Aún no estaba Meléndez, que no llega sino una semana más tarde; inmediatamente acude Jovellanos a su casa. Era el amigo. Con él pasea en los ratos que le dejaba libre la comisión oficial. Incluso se tienen tertulias. Se habla —¡cómo no!— de política y de las intrigas en la corte contra Floridablanca, hasta entonces el ministro todopoderoso. Se cuentan habladurías. Naturalmente, sale a relucir la buena fortuna de Godoy, de la que se sabía sobradamente la causa. Tenía a quien salir, pues su padre decía públicamente:

> Yo hago parir a mi mujer cada año, *la contento diariamente,* menos en sus sobrepartos y meses; para estos intermedios tengo un recurso, y sin él no puedo pasar[33].

El recurso era, conforme a la vieja tradición española que ha llegado hasta hace bien poco, echar mano (y aquí nunca mejor dicho) a la sirvienta. Debió ponerla también en situación embarazosa (otra palabreja al canto). Intervino el juez, y el padre de Godoy tuvo que utilizar el recurso que los viejos señores tenían para tales casos: casarla con alguno de sus criados, que aquí era un pastor.

El hecho de que Jovellanos recoja esta sucia anécdota, aparte de reflejar aquel mundo, ¿qué nos está diciendo? El padre de Godoy, un miserable garañón; otro tanto el hijo. Pero ese hijo

---

[33] *Ibíd.,* 62.

ascendía gracias a los favores de la reina; eran cuestiones de las que resultaba harto arriesgado hablar.

En esta estancia en Salamanca nos encontramos de lleno con el Jovellanos crítico, que censura las miserias de su patria: la ignorancia, los abusos deshonestos, las intrigas. Incluso diría que un Jovellanos contagiado por los aires anticlericales que soplaban de Francia. El que recoge esta «cantiña arrefranada», como él la llama:

> De gorriones, curas y frailes,
> líbrenos Dios de estas tres malas aves.
> Los gorriones se comen el trigo,
> y los curas se beben el vino,
> y los frailes retozan las mozas;
> líbrenos Dios de estas tres cosas [34].

¿Evocaremos ahora al gran patricio en aquel otoño de 1791 salmantino? ¿Lo evocaremos en sus ratos de ocio, cuando queda libre de sus inspecciones a los Colegios Mayores? Acaso es una mañana luminosa de octubre. Jovellanos ha visitado la tumba de Fonseca en las Úrsulas o, acaso, el patio del Colegio del Arzobispo —el fabuloso patio renacentista donde dejó su huella el genio de Diego de Siloé—. A buen seguro que al pasar ante la iglesia de las Agustinas ha penetrado para admirar, en su altar mayor, la *Purísima* de Ribera, esa joya de nuestra pintura religiosa que jamás se ve sin un estremecimiento de emoción.

O bien es por la tarde, y ante un sol que dora «los altos sotos de piedra», Jovellanos pasea con sus amigos a la otra orilla del Tormes, tras franquear su puente romano. O ya, cuando se ha echado la noche, da una última vuelta por su plaza Mayor, sin disputa la más bella de España.

¿De qué hablará Jovellanos con sus amigos? ¿De los problemas de la patria? ¿De las nuevas, venidas de la corte? ¿O, por qué no, del último poema salido de la pluma de su amigo Meléndez Valdés? Acaso, también, de los terribles acontecimientos que pasan en Francia.

Todo ello ocurriendo en una Salamanca monumental y pacífica

---

[34] *Ibíd.*, 65.

que estaba bien lejos de suponer que veinte años después esa turbulenta Francia iba a llevar la destrucción a su seno.

A punto ya de terminar su estancia en Salamanca le ocurre a Jovellanos un lance que, a mi entender, muestra una vez más su fisonomía moral. Un sacerdote le quiere sonsacar si estaba dispuesto a vender una obra de arte que poseía: nada menos que el boceto de Velázquez para *Las Meninas.* Sin duda, porque era cosa sabida que Jovellanos andaba por aquellas fechas endeudado; él mismo lo recoge en sus *Diarios,* al anotar la gestión del cura. El cual acabó confesando que quien se interesaba por el cuadro era la viuda del infante don Luis. Ahora bien, conviene recordar que aquel hermano de Carlos III había realizado un verdadero matrimonio de amor, al que había acabado de dar su autorización el rey, pero con expresa prohibición de que se presentara con su mujer en la corte. Era ésta María Teresa de Vallábriga, emparentada en todo caso con la alta nobleza. La cuestión se complicaba porque la ley sálica impuesta por Felipe V y que regulaba la sucesión a la Corona, marcaba que el príncipe heredero debía ser natural de España; por eso, habiendo nacido Carlos IV en Nápoles, los hijos del infante don Luis podían suponer un peligro para la corte. De forma que cuando don Luis, que era arzobispo de Toledo y cardenal, decide renunciar a todas esas preeminencias eclesiásticas para vivir la vida de un padre de familia, el revuelo en la corte no fue pequeño. De ahí la pérdida del favor regio y la vida retirada del infante don Luis, que transcurriría en buena parte en Arenas de San Pedro; todavía el viajero que llega a la villa abulense puede evocar, entre las ruinas del palacio que allí mandó alzar don Luis, la sombra de aquel simpático príncipe, acaso el más notable de todos los hijos de Isabel de Farnesio.

Pues bien, es a su viuda a la que Jovellanos, enterado de su interés, decide regalarle el cuadro que poseía; sin duda, la pieza de mayor valor, por entonces, de su colección. (Luego la enriquecería con el retrato que le hizo Goya.) Pero endeudado como estaba, lo deja en manos de su amigo Arias, que era el que tenía a su cargo pagar sus deudas, porque le había prometido «no disponer, sin su consentimiento, de ninguna cosa mía»[35].

---

[35] *Ibíd.,* 65.

Esto es, Jovellanos no es un cortesano servil, de los que tanto menudean siempre; pero admira aquel matrimonio que había roto con las rígidas normas protocolarias y quiere hacer demostración de ello con ese presente a la viuda, aunque su amigo Arias, a lo que sabemos, no se lo permitiera.

A poco, Jovellanos, terminada su misión en Salamanca, regresaba a Gijón, por Zamora, León, el puerto de Pajares y Oviedo. Era ya mediados de noviembre y el tiempo se había tornado desapacible en la meseta. No en todos los sitios encuentra posada, pero puede suplirla, las más de las veces, aposentándose en casa de un vecino rico. Así le ocurre en Corrales, donde sólo había un mal mesón «y la mesonera una furia». Para colmo de males, el único cuarto estaba ocupado por un moribundo. Así que el cuadro para los entumecidos viajeros debió ser de los que marcan época. Por suerte, encuentran acogida en casa de un labrador acomodado, del cual quiero recoger el nombre, por ser de los ilustres linajes de Corrales: Antonio Casaseca. Y no sólo les ofrece techo y cama, lumbre y comida, sino también el manjar preferido para un hombre ilustrado: conversación. La escena, con los cuatro trazos con que la describe Jovellanos, merece ser recogida:

> Corrales... Un mal mesón al caño; la mesonera una furia y un moribundo en el único cuarto que había. Zurro (un acompañante de Jovellanos) salió a buscar una casa, y fuimos a la de un labrador acomodado y capaz que nos agasajó bien. Iba bien molestado de la tos y me acosté luego en una buena cama y el maestro Díaz en otra, y dormí regularmente. El labrador Antonio Casaseca nos dio conversación y su mujer y una hija nos asistieron... [36].

Al llegar a Pajares, el tiempo cambió:

> Tarde deliciosísima, como fue la mañana, sin una nube en el cielo [37].

Era ya Asturias, la patria querida.

---

[36] *Ibíd.,* 68.
[37] *Ibíd.,* 69 y 70.

4.—Los años felices
(Asturias, patria querida)

En 1792, Jovellanos ha cumplido satisfactoriamente su doble misión de visitar los colegios salmantinos y de comprobar las posibilidades carboníferas de Asturias. En Madrid empiezan a oírse voces a su favor, aunque se tarde todavía en alzársele el destierro; pero, al menos, se le dejará tranquilo: Asturias es una apartada región, y allí no se teme al reformador; al contrario, pues aunque se le tenga en vigilancia, se espera que su actividad reformadora pueda redundar en beneficio de la región. En definitiva, se piensa en la corte, he ahí un hombre eficaz, y sin duda ejemplar, pero asaz fastidioso con sus afanes críticos. Que siga en la lejana Asturias.

Y así ocurriría durante cinco años, en los que Jovellanos vería cómo se afianzaba su prestigio. Serían años bien empleados, en los que lograría su gran deseo: la fundación del Instituto de Gijón, para la formación de una Escuela de Mineralogía. Son años, pues, bien aprovechados, años de paz y sosiego, de vida familiar, de gratas tertulias, en las que el reformador brilla con su cultura y su ingenio. De cuando en cuando, se organizan excursiones educativas, que se aprovechan para conocer los lugares notables, para visitar tal o cual iglesia, para estudiar el archivo de algún convento famoso (tal el de Corias), para plantear algún camino, para valorar la riqueza de alguna mina de carbón, etc. Y siempre, para admirar el hermoso paisaje asturiano, que cada vez enamora más a Jovellanos: sus encrespados montes, sus gargantas, sus límpidos ríos, sus verdes valles, su mar tan brava, sus villas, sus aldeas de pescadores; Asturias, en suma, Asturias patria querida, la gran amada de Jovellanos. Aquel hombre, que nunca logró la plenitud de la vida amorosa, volcó su capacidad de enamoramiento sobre la tierra que le vio nacer.

Y todo ello ocurriendo en medio de una paz local, en aquellos años en los que tantas cosas estaban sucediendo en la cercana Francia. A Jovellanos le llegaba el eco de los dramáticos sucesos orquestados por el terror de los jacobinos franceses. Particularmente sangrientos habían sido los años de 1792 a 1794. En el corazón del terror parisino quedaría marcado a sangre y fuego el año 93; no en vano medio siglo después lo inmortalizaría Víctor Hugo en su famosa novela que lleva ese mismo título. En 1792, y como reacción contra la primera coalición de las monarquías tradicionales, enfrentadas con la Revolución, se producen los graves sucesos de París, que derrocan a la monarquía y producen centenares de muertos. El torpe manifiesto de Brunswick, el generalísimo aliado, unió toda Francia con la Revolución, al tiempo que hizo perder los últimos restos del crédito popular de Luis XVI, al que se le suponía cómplice de los manejos extranjeros; de esa forma, Francia convirtió las antiguas guerras dinásticas en la primera guerra nacional. En agosto cae la monarquía, ante el peso del avance popular sobre las Tullerías; «Señora, todo París está en marcha», oiría María Antonieta, al exigir mayor energía a las tropas defensoras de la Corona. En septiembre, ese mismo pueblo que se alista para luchar con los prusianos, procede a una terrible matanza de nobles y clérigos antes de partir para el frente; odiosos en la retaguardia, se mostrarán admirables a la hora de la batalla, en aquella jornada de Valmy que obliga a retirarse al ejército prusiano y que hace exclamar a Goethe que una nueva era estaba en marcha; una era bajo la música militar de uno de los himnos más hermosos que jamás hayan existido: la *Marsellesa*.

En medio de esa Francia revolucionaria, que golpea tan vigorosamente contra sus enemigos del exterior como del interior, un revolucionario con auténtica talla de hombre de Estado: Danton; pero también una sombra siniestra: Robespierre.

El 1793 sería el año terrible de la Revolución. En su furia contra las monarquías tradicionales, la Revolución responderá arrojándoles la misma cabeza de Luis XVI, guillotinado el 21 de enero. Pronto los girondinos se verán desplazados por los radicales jacobinos. Se instituye el Tribunal revolucionario y se gobierna por el Comité de Salvación Pública en el que Danton ejerce toda su influencia. Hay que combatir a la contrarrevolución, que ha prendido en La Vendée, y Francia entera se pone en pie de guerra, mientras siguen los asesinatos en masa de los sospechosos, tras la apariencia legal de juicios sumarísimos.

Pero la Revolución devora a sus hijos. Primero serán los más prestigiosos de los girondinos: Brissot, Vergniaud, Condorcet y tantos otros. La famosa *madame* Roland perece el 8 de noviembre; la cabeza del gran Danton cae el 5 de abril. Finalmente, el propio Robespierre era guillotinado el 10 de termidor, según el nuevo calendario revolucionario; era el 29 de julio de 1794.

Mientras ocurrían sucesos tan terribles en la vecina Francia, ¿qué pasaba en la España oficial? ¿Quién la gobernaba? ¿Cómo respondía la corte de Carlos IV y de María Luisa de Parma —«la parmesana»— a las amenazas que le llegaban? Evidentemente, lo primero que necesitaba España era contar con hombres de talento al frente del país. Y en principio, los tenía: Aranda, Campomanes, Floridablanca. Era la gran herencia de Carlos III, que durante unos años fue utilizada por Carlos IV. Floridablanca seguiría en el poder hasta 1792, año en el que sería relevado por Aranda. Por lo tanto, parecía que había posibilidad de un cierto juego rotatorio, que no sólo había un hombre de Estado sino quien le pudiese relevar. La existencia de piezas de recambio a ese nivel, parecía que daba una cierta confianza de supervivencia con dignidad al régimen del despotismo ilustrado español; pronto se vio que se entraba en una fase de auténtica quema de tales estadistas. Floridablanca no dejó sin más el poder en 1792; se le acusó de graves irregularidades en su ejercicio de gobernante, y fue encerrado en la fortaleza de Pamplona. Dos años después sufriría un proceso similar Aranda, con la diferencia de que su reclusión sería en la Alhambra granadina.

Para entonces, Campomanes ya había cesado como presidente del Consejo de Castilla.

Se ha dicho que, ante la Revolución francesa, Carlos IV tenía que aplicar nuevas ideas con nuevos hombres, y que ya no le servían aquellos ancianos ministros, demasiado viejos para afrontar la oleada de sucesos desencadenados por los revolucionarios franceses. En 1792, el año de su caída, Floridablanca tenía sesenta y seis años. En 1794, Aranda había franqueado los setenta y cinco; edades respetables ambas, sobre todo en los tiempos del Antiguo Régimen. En cuanto a Campomanes, había dejado la política en 1791, cuando contaba con sesenta y ocho años.

Evidentemente, era la hora de la siguiente generación, la gran oportunidad para dar paso a Jovellanos, que en 1794 cumplía cincuenta años, y cuyo prestigio era inmenso; sin embargo, los reyes prefirieron acudir a una hechura suya, a un jovencísimo cortesano que rondaba entonces los veintisiete: Manuel Godoy. Era un salto que orillaba los hombres formados con Carlos III.

Está claro que no era la poca edad el grave inconveniente que tenía Godoy; otros a sus años habían dado un juego notable en la Historia; sin ir a modelos anteriores, como los Reyes Católicos o como Carlos V, ahí estaba el caso de Inglaterra, en aquellos mismos tiempos, donde William Pitt gobernaba con singular acierto desde los veinticinco años.

Pedo Godoy no sufría la comparación con Pitt. Lo malo del personaje español no era su poca edad, enfermedad que (como suele decirse) se cura fácilmente con los años. No. Lo malo, lo denigrante de Godoy es que lograba el poder, no por sus méritos, sino porque sabía halagar al rey y «encantar» a la reina. Tamaña frivolidad en la corte acabaría teniendo un precio terrible: los sucesos de 1808.

De momento, mientras transcurren esos años tranquilos de Jovellanos en Asturias, los sucesos más graves se desencadenan dentro y fuera de España, hasta que el propio Godoy, en un intento casi desesperado por hacer frente a los acontecimientos, le fuerce a compartir el poder. Para Jovellanos, serían unos años de ventura, un respiro en su vida. Le veremos en su amado Gijón, en el seno familiar, al lado de su querido hermano Pachín, promoviendo, como buen ilustrado, la prosperidad de su patria chica: la fundación del Instituto de Mineralogía, la apertura de caminos hacia la meseta

—tal el de Pajares—, el reconocimiento de la riqueza carbonífera, la mejora de los puertos, el estudio de la historia en sus archivos; a todo veremos acudir al gran patricio, que encontraría tiempo para la tertulia —esa pasión del hombre ilustrado—, para escribir cartas —esa necesidad de los reformadores—, para los paseos tranquilos de cara al mar, para las horas de madura reflexión, registradas en sus *Diarios*.

Es esa fuente verdaderamente preciosa la que utilizaremos para evocar a Jovellanos en su ambiente, para precisar el alcance de su obra, para verle como hijo de su tiempo frente a los grandes acontecimientos. Gracias a esos *Diarios* podremos entrar en aquella Asturias bucólica y tranquila de finales del siglo XVIII, cuyas montañas y cuyo mar parecía que la resguardaban de las tremendas conmociones por las que atravesaba Europa.

Como buen ilustrado, Jovellanos pondría constantemente en práctica la idea de que era preciso estar en contacto con la naturaleza. No pasa ninguno de estos años sin que lleve a cabo alguna expedición, que le tienen de viaje días y días. En ocasiones será cumpliendo encargos de la corte, como cuando visita La Cavada en Santander; pero otras, las más, son excursiones con familiares y amigos por los valles asturianos y por las montañas de León. Y siempre, en uno y otro caso, se nos aparece el reformador ilustrado que lo quiere conocer todo, que lo anota todo, que sube a las montañas para otear el paisaje, al tiempo que examina los mejores accesos para futuros caminos; que penetra en las iglesias y monasterios para contemplar la traza de su fábrica y para conocer sus archivos. Y entre todos esos afanes con la pincelada poética, de vez en vez, del que se extasía ante la belleza de su verde Asturias, su querida, su amada Asturias.

Parece, pues, que Jovellanos ha sabido construir un mundo aparte, un pequeño paraíso en el que se mueve confiado y feliz. Son años de ventura. En junio de 1793, cuando la cercana Francia está inmersa en pleno terror, cuando la corte está llena de intrigas, en las que se trasluce el afán de un Godoy por hacerse con el poder, Jovellanos pasa un día de campo con los suyos en Contrueces. Suben a caballo hasta lo más alto del Pangrán, desde donde se ve todo el concejo de Gijón, con el mar al frente. A la tarde, gran merienda campestre en Contrueces, para regresar de noche al hogar familiar. Y Jovellanos, rebosante de dicha, anota:

> El día fue delicioso, sin calor ni frío, sin sol ni viento; todo el mundo estuvo de buen humor; reinó en todos y por todo el día, la paz y la alegría, y aquella honesta y cordial confianza que es madre del placer sencillo y inocente [1].

Y surge el poeta, el hombre que no ha sido capaz de crear ninguna hermosísima poesía, pero que tiene dentro de sí una admiración sin límites a lo que la poesía puede representar en la vida; esa nota poética imprescindible, que en él brotará al contacto con la naturaleza. Al franquear la sierra, desde los montes de León —desde las tierras míticas de Babia—, penetra por los jugosos valles de Teverga, y ese nuevo contacto con Asturias le enciende este canto:

> Aquí grandes anfiteatros llanos y bajos, por donde corren mansamente los ríos coronados de montañas... Gran calor; descanso a orilla de un arroyo abundantísimo que baja de lo alto a entrar en el río por su izquierda. Es sitio delicioso, a la margen de las sonoras aguas y a la sombra de un hermoso avellano.

Y antes esa visión apacible, de un paisaje que podría haber cantado Garcilaso o fray Luis (también, por supuesto, Horacio o Virgilio), tiene este arranque de lo más profundo de su ser:

> Todo es poético; a la imaginación ayudaba...

¿Sería el momento de hacer un poema, cantando esa hermosa naturaleza? Pero ¿acaso sería capaz? De pronto, algo encoge el ánimo de Jovellanos, quien, quejumbroso, añade:

> ... pasó la edad de esta especie de ilusiones [2].

Esto es, cuando Jovellanos está a punto de dar rienda suelta a sus sentimientos (está en un verde prado «de fresca sombra lleno»

---

[1] JOVELLANOS, *Diarios*, ed. cit., III, 117.
[2] *Ibíd.*, 91 y 92.

y está en Asturias), se reprime, como si fuera a realizar algo impropio de un hombre maduro, que ya está cerca de los cincuenta años, como si la poesía fuera algo maravilloso, sin duda, pero más bien patrimonio de la juventud. Acaso Gaspar Melchor de Jovellanos se dio cuenta, de repente, que la juventud había pasado; como si fuera alguien que se mirase en el espejo, después de mucho tiempo, y se encontrase súbito con una carga de años a las espaldas; como si, jugando a una carnavalada, se hubiera puesto una careta de viejo y ya no pudiera quitársela.

La juventud acabada, la juventud perdida, y con ella, perdido también el derecho a escribir con caracteres poéticos el libro de la naturaleza. ¿Es entonces cuando se esfuma la vida amorosa? ¿O hace ya tiempo que Gaspar Melchor ha renunciado al dulce juego amoroso, a esa terrible y magnífica guerra en que tanto se sufre y en la que tanto se hace sufrir, pero que es absolutamente maravillosa? Nos consta que Jovellanos sigue teniendo bien abiertos los ojos para admirar la belleza de la mujer, y que siempre que conoce alguna guapa moza, sea patricia o plebeya, se apresura al anotamiento y al comentario. Cuando va de excursión a la tierra de Babia, encuentra en la zona del río Luna una paisana, una portera que procedía de Campomanes. ¿Pasará de largo el ilustre patricio ante esa hermosa, pero modesta asturiana? En absoluto. Entabla conversación con ella, y nos la describe:

> Buena moza, alegre, hábil y modesta. Tiene aquí otra hermana, también bellísima[3].

Diríase que Jovellanos, como en su día el marqués de Santillana, está a punto de componer un romance sobre una «fermosa» serrana.

En otra ocasión no será una rústica aldeana, sino una dama noble, acaso una francesa. Jovellanos ha de ir a Oviedo, comisionado por el Gobierno. En Oviedo se han refugiado algunos nobles franceses. Jovellanos apunta:

---

[3] *Ibíd.*, 87.

A ver a la Baronesa: grande agasajo. Un rato de conversación, parte en francés, parte en español...

Al día siguiente, un día lluvioso típico del otoño ovetense, es Jovellanos el que recibe en su posada a la baronesa («... la Baronesa a verme...»). ¿Estamos ante una aventura galante? ¿Y por qué no? ¿Acaso no se disculpará él mismo «de sus naturales flaquezas»? ¿Y cuáles pueden ser éstas en un hombre del Antiguo Régimen?

Es de considerar que en unas anotaciones (hechas por alguien de su confianza) que le servirían para escribir sus *Memorias* familiares, al final de su vida, se hable de una hermosa criada que habían tenido en su casa, de la que se había enamorado «furiosamente» su hermano mayor Miguel, y de tal modo que le causaría la muerte; estamos ante un pasaje oscuro de aquella vida familiar en el Gijón de mediados del siglo XVIII, del que sólo conocemos estas referencias:

> ... siendo de edad de dieciocho años (Miguel) se apasionó furiosamente de una criada de singular hermosura que había en casa, a quien llamaban *la encantadora* por los muchos apasionados que tenía. Era Miguel mozo de virtud y prudencia, y conociendo que sus amores no podrían tener un buen término, se apoderó de (él) una terrible pasión de ánimo, que al fin le condujo al sepulcro en la flor de los años[4].

Esa desgraciada historia de amor, fruto del clasismo del Antiguo Régimen, la resumirá brevemente Jovellanos en estos términos: «Don Miguel, que era el primogénito, falleció a los dieciocho años, de dolencia no conocida por los médicos, y no sin sospecha de que naciera de una pasión amorosa, ni satisfecha ni reprimida»[5]. Ahora bien, cuando ocurrió aquel drama familiar, Jovellanos tenía trece o catorce años, y el hecho tuvo que provocarle una tremenda impresión. Sin embargo, silencia sus sentimientos. ¿Qué pensar de todo ello? ¿Acaso influyó en su manera de afrontar después la vida amorosa? No lo sabemos de cierto.

Pero guardemos esa intimidad de Jovellanos, que tan celosa-

---

[4] *Memorias familiares,* en *Obras,* ed. cit. de Artola, V, 208.
[5] *Ibíd.,* 214.

mente quiso ocultarnos. Mejor así. Esa nota misteriosa da mayor encanto a su personalidad. En definitiva, estamos ante un gran señor, que mantiene su mundo íntimo lejos de la mirada de los extraños. Es su secreto, y lo supo guardar de forma inviolable.

En cambio, sí que podemos acompañarle en sus excursiones, algunas que duraban sólo una jornada; otras, que se prolongaban cerca del mes. Entre éstas, por ejemplo, la que llevó a cabo a Cangas del Narcea (entonces Cangas de Tineo) en 1796, para conocer su típica vendimia, única en el Principado.

¡La vendimia en Asturias! Algo insólito, puesto que Asturias es la tierra de las «pomaradas» y de la sidrina. Pero hay un lugar, una zona en la Asturias occidental donde tradicionalmente se cultiva la vid. Es en el valle alto del río Narcea, en el tramo que corre entre Cangas de Tineo (por recoger aquí el nombre antiguo de la villa) y Corias; allí, en la margen izquierda del río, las tierras más soleadas que miran al sudeste, en las faldas de la montaña por donde se abre camino el Narcea, allí se extienden los viñedos, de los que se obtiene un vino con un cierto sabor áspero, pero muy valorado en la comarca; más aún en aquella época en la que la comunicación con la meseta era tan difícil y, por ende, tan costosa. Según datos del siglo XVI, resultaba más caro poner el vino de Castilla en el Principado, atravesando la cordillera cantábrica, que llevar los caldos catalanes por mar, bordeando todo el litoral peninsular; esto justificaba un cultivo que pudiera cubrir, en parte al menos, las necesidades comarcales. De hecho, todo el viajero se encuentra con muestras de esos viñedos cuando pasea entre Cangas y Corias.

¡El camino de Cangas a Corias! Un hermoso paseo de dos kilómetros, bordeado de árboles, con la montaña a un lado y el Narcea, siempre rumoroso, al otro. Porque lo primero que nota el viajero en Cangas es el fragor del río, alborotado todavía, al abrirse paso entre guijarros, guardando el ímpetu de los arroyos de montaña, aunque con caudal suficiente para profundas pozas en las revueltas, bien disfrutadas por la chiquillería entre el Carmen y la Virgen de Agosto. Es ese acompañamiento del Narcea, esa música de fondo lo que da su encanto a Cangas de Tineo; puede que la primera noche el viajero se remueva inquieto en el lecho, tardando en conciliar el sueño; pero pronto ese batir constante de las aguas se convierte como en el eco de una voz amiga que le acompaña hasta adormecerle, y hasta tal punto que cuando se aleje de la villa lo echará de menos.

Sí, tiene su encanto acudir a ese rincón perdido en las montañas asturianas, lejos de la costa y apartado de las tierras luminosas de Léon por el murallón de la sierra, que a duras penas franquea el puerto de Leitariegos. Ésa es, todavía, la zona cercana a Muniellos, donde viven el oso y el urogallo, en medio de un boscaje impresionante. En esa zona agreste y olvidada, en ese paraíso perdido, el asturiano ha alzado una villa alegre y rumorosa como su río, muy cerca del lugar donde los benedictinos habían fundado un notable cenobio: el monasterio de Corias. Y algunos de sus linajes son también justamente famosos en toda Asturias: los Uría, los Ron, los Álvarez, los Barreiro y, por supuesto, los Toreno, los Peñalba y los Valdés, parientes éstos sin duda de los Valdés de Salas. Su iglesia-colegiata del siglo XVII tiene prestancia, como debida a la generosidad del arzobispo Valdés, metropolitano de Granada. Su palacio del conde de Toreno es la mejor casona en muchos kilómetros a la redonda; pero, cierto, es el monasterio de Corias el mayor monumento de toda la comarca.

En todo caso, lugares para ser visitados por un viajero curioso, tal como lo eran los hombres ilustrados del siglo XVIII; de forma que no nos puede extrañar que Gaspar Melchor de Jovellanos se viera atraído por esa excursión, accediendo a buen seguro a las instancias de sus amigos cangueses. Su relato, inserto en sus *Diarios,* lo titulará: «A una vendimia en Cangas de Tineo.» Sale de Gijón el último día de septiembre, hace unas pequeñas paradas en Oviedo y Salas, para pasar al puerto de La Espina y coger el camino que baja ya a Cangas. Al avistar el Narcea, todavía a una legua larga de la villa, le salen al encuentro los amigos de Cangas, que acuden a recibir al ilustre viajero: los Queipo, los Flórez, los Carbayedo, los Melgarejo.

Y a partir de ese momento, apenas si habrá descanso. Lo de menos será la jornada de la vendimia, aunque, por supuesto, también será realizada. Toda disculpa será buena para montar una fiesta. De forma que la estancia de Jovellanos en Cangas se convierte en un continuo festejo. Y eso no le extrañará al que conozca el carácter de los vecinos de Cangas, una de las villas más alegres y bulliciosas de todo el Principado. Sus habitantes siempre están dispuestos a meriendas campestres (cuando el señor tiempo lo autoriza), a convites, a bailes y a canciones.

Así fue en aquel otoño de 1796.

Y Jovellanos no salía de su asombro. Se deja llevar por aquel ímpetu juvenil, y aún celebra aquella «movida», como si dentro de él, que ya ha cumplido los cincuenta y dos años, algo se pusiera también en marcha, como si se le removiera algún resto de su juventud perdida: «Las muchachas —nos cuenta— proyectan ir mañana a la vendimia del conde...» Y añade:

> ... entran en un frenesí de alegría...

Y al día siguiente anota:

> La gente se mueve temprano para la expedición de la vendimia. ¡Qué alegría! ¡Qué bullicio en los jóvenes![6].

A poco, antes de las veinticuatro horas, llega el correo con una tremenda noticia de la corte: la declaración de guerra a Inglaterra. ¿Se inmuta por ello Cangas? En absoluto. Todo sigue su ritmo, como si la guerra fuera la distracción de los reyes, que tan apartados rincones tienen el privilegio de despreciar, como si se tratara de juegos alocados de los que mejor ni oír. Ciertamente Jovellanos, tan aficionado a las cosas de Inglaterra, lo tomará como una mala noticia; en todo caso, apunta en su *Diario*, ya de hacer la guerra, mejor hubiera sido declararla al pueblo francés, tan orgulloso y tan «enemigo de la paz general»[7]. Pero, por lo demás, los juegos y los bailes siguen en casa de los amigos, porque Cangas no cambiará tan fácilmente sus costumbres.

De forma que Jovellanos no abandonará la villa sino ocho días después. La corte podía estar en guerra con media Europa sin que Cangas se diera por enterada. Era la contrapartida de aquellas guerras dinásticas del Antiguo Régimen, las más de las veces por caprichos de las testas coronadas o de sus privados; los pueblos las sentirían por las cargas fiscales, pero no las tomarían como propias. Y menos en los lugares tan apartados como lo era Cangas de Tineo.

---

6 *Ibíd.*, 392.
7 *Ibíd.*, 393.

La obra: el Instituto de Mineralogía de Gijón

Pero veamos ahora la más famosa obra del gran patricio.

Evidentemente, el Instituto experimental de Gijón no fue la única empresa de Jovellanos, pero sí a buen seguro que la más significativa y la que él llevaba más dentro de sí. De ese modo lo declararía a su amigo Vargas Ponce:

> Si el Instituto llegare a ser lo que yo pienso, él será el mejor conservador de mi memoria... [8].

¡El mejor conservador de su memoria! Esto es, Jovellanos, que, como buen ilustrado, aspiraba a la inmortalidad —esa de la fama—, confiaba en lograrla como fundador del Instituto de Mineralogía.

Y ahora es cuando se impone una reflexión. Porque esa obra no será realizada por un hombre de ciencia, sino por un humanista. Jovellanos se había preparado en su juventud en las aulas de los seminarios de la Iglesia. Más tarde entrará por la vía de la Jurisprudencia y alcanzará fama como magistrado. Siempre se mostrará como fino latinista y como experto en crítica literaria; ya hemos visto que incluso tenía sus ribetes de poeta, no habiendo dudado en emplear no pocas horas en la composición poética. Por lo tanto, siempre encontramos en él al humanista de cuerpo entero. Y, sin embargo, no pretenderá la promoción de las letras, sino de un Instituto de Mineralogía. ¿Estamos ante una traición del hombre de letras? ¿Qué es lo que empuja a Jovellanos a esa actitud, tan distante de su verdadera formación?

Hoy estamos en condiciones de comprenderle, cuando vemos a políticos que, con un ambiente familiar y una formación marcadamente humanistas, han apostado también por apoyar con todas sus fuerzas a las ciencias. La explicación parece estar en que se considera —acaso demasiado confiadamente— que las letras en España se defienden solas, mientras que las ciencias, con escasa

---

[8] Cit. por ÁNGEL DEL RÍO, *op. cit.,* I, págs. LV y LVI.

tradición, tienen mayores dificultades para su debido desarrollo; un desarrollo en el que, además —y esto sí que es importante—, parece que está implicado el futuro, porque los avances científicos y tecnológicos tienen un ritmo tan fuerte, que a poco que se pierdan los papeles, el desfase ya resulta irrecuperable. Y entonces es la hora de preguntarse si las vocaciones personales no deben ceder ante los intereses nacionales.

A finales del siglo XVIII, cuando estaba en marcha la revolución industrial, ése fue el pensamiento que obsesionó a Jovellanos; un pensamiento que expresará reiteradas veces. En la exposición para la restauración del Instituto, que elevó al Gobierno en 1807, indicaba el gran patricio los dos objetivos de la fundación del que se denominó Real Instituto Asturiano: la Náutica, para crear buenos pilotos, y la Mineralogía «para fomentar el cultivo de las riquísimas minas de carbón de piedra de que abunda Asturias, y su comercio interior y exterior»[9].

La idea había prendido en Jovellanos hacia 1791, pero no lograría verla cuajada hasta 1794. En ese año consigue la aprobación regia, con el apoyo del ministro Antonio Valdés.

El 7 de enero de 1794, Gijón está en fiestas. Sus calles están brillantemente iluminadas, en especial la calle Corrida. A la villa han ido llegando personalidades de toda la provincia. Una salva de artillería rompe el alba. El tiempo es frío, como de pleno invierno, pero no amenaza lluvia. A las ocho ya hay gran gentío ante la sede del nuevo Instituto. A las nueve su fundador pronuncia el discurso inaugural; trata de permanecer sereno, pero no consigue que de cuando en cuando le traicione la voz. La emoción es general.

> Estaba yo bastante sereno —anotará Jovellanos en su *Diario*— y, a juzgar por el efecto, fue bien leído, porque sacó algunas lágrimas de ternura. Yo mismo me sentí muchas veces forzado a reprimirlas, y alguna vez me obligó a interrumpirle...[10].

---

[9] *Exposición,* en *Obras* de Jovellanos, ed. cit., V, 259.
[10] *Diarios,* III, 140.

Todo el mundo se da cuenta de la trascendencia del hecho, en sí sencillo: la apertura de un curso en un nuevo centro de enseñanza. Pero hay algo más: que Gijón está poniendo en pie un Instituto piloto para plantarle cara al futuro. Porque la revolución industrial tiene, en esos finales del siglo XVIII, una fuente de energía, entonces prácticamente única, al menos para lo que aquella técnica demandaba, y era el carbón. Por lo tanto, y dado que Asturias era muy rica en yacimientos carboníferos, su suerte estaba echada. Lo que hacía falta era que esa riqueza fuera explotada por los españoles y en beneficio de España. Por ello era tan urgente aquel centro, donde se formasen los técnicos en Mineralogía y donde la rama Náutica preparara buenos pilotos. De ese modo se podrían cumplir las esperanzas señaladas en la inscripción que adornaba al Instituto:

> Carlos IV, protector de las Ciencias, padre y delicia de sus pueblos, funda en Asturias y establece en Gijón un Instituto de Náutica y Mineralogía para enseñar las Ciencias exactas y naturales, para criar hábiles mineros, y diestros pilotos, para sacar del seno de los montes el carbón mineral, para conducirle en nuestras naves a todas las naciones [11].

A partir de ese momento, y hasta que el destino le saque de Asturias, Jovellanos sólo vivirá para su Instituto: sus clases, la selección de sus profesores, la conducta de los alumnos, los libros que han de comprarse para la biblioteca, el material para su laboratorio y para su museo de Mineralogía; todo pasará por su mano. No dudará en participar en su vida docente como profesor en las Humanidades; pues al menos en eso sí que no traicionará su vocación: esos pilotos y esos ingenieros que han de formarse en el Instituto deben también poseer una más que apreciable formación humanística. Y como el Instituto requiere fondos para su sostenimiento, como pronto quiere ampliar sus actividades, como anhela un edificio mejor para albergarlo, acude a todos los medios para conseguir el caudal suficiente. Aparte del sostén del Estado, quiere que la Fundación tenga sus propios recursos. Esa institución tiene que ser mimada y sostenida por todos los asturianos de cierta

---

[11] *Diarios,* III, 139 y 140.

posición, de dentro y fuera de Asturias; de forma que no sólo pasa la mano a los prohombres que viven en el Principado, sino a los que han hecho fortuna en América, incluso a los que siguen viviendo en ella. Ya es una leyenda el «indiano» rico, y Jovellanos no duda en buscar esa vía de financiamiento para su Instituto, consiguiendo algún resultado positivo.

También lo intentó con los obispos que, por su destino o su origen, consideraba que podían estar interesados por la suerte del Instituto. Con tal motivo, tanteó al obispo de Lugo, del que obtuvo una impertinente respuesta. No sólo le negaba su apoyo, sino que le acababa aconsejando que se dejase de tales negocios y que mejor le vendría casarse y meterse en su casa.

Jovellanos le daría merecida respuesta. Sería una carta tan llena de indignación y, al tiempo, tan digna y tan elocuente, que bien merece la pena ser recordada. Empieza diciéndole que no le causaba ninguna sorpresa que se negase a dar aquel socorro que se le pedía, porque estaba harto de ver olvidada la caridad pública por los más obligados a ejercerla. Ahora bien, tan despegada respuesta no había de pasarla en silencio.

Y a fe que no lo hizo:

> Sin duda que un Obispo —le indica— debe instruir al clero que le ayuda en su ministerio pastoral; pero también debe promover la instrucción del pueblo, para quien fue instituido el clero y el episcopado. Debe mejorar los estudios eclesiásticos; pero también debe promover las mejoras de los demás estudios, que usted llama profanos, y que yo llamo útiles, porque en ellos se cifra la abundancia, la seguridad y la prosperidad pública; porque con la ignorancia ellos destierran la miseria, la ociosidad y la corrupción pública; y, en fin, porque ellos mejoran la agricultura, las artes y las profesiones útiles, sin las cuales no se puede sostener el Estado, ni mantenerse los ministros de su Iglesia.

¿Qué se deducía de todo ello? Que si los obispos debían aversión a los filósofos que deslumbraban con falsas razones y a las malas costumbres que corrompían a los pueblos, también debían apreciar a los sabios sencillos y amparar a las enseñanzas provechosas. En cambio,

... lo que ciertamente no cabe en las obligaciones ni en los derechos de un Obispo, es injuriar a sus prójimos con injusticia y sin necesidad.

Una de las cosas que más había ofendido a Jovellanos es que el obispo de Lugo se hubiera atrevido a darle aquel consejo impertinente de que mejor haría en casarse y en meterse en su casa:

> Me aconseja usted que cuide de gobernar mi casa y tomar estado. El primer consejo viene a tiempo, porque no vivo de diezmos y cobro mi sueldo en vales; el segundo tarde, pues quien de mozo no se atrevió a tomar una novia por su mano, no la recibirá de viejo de la de tal amigo.

Para redondear su carta, Jovellanos le envía al prelado, envuelto en forma de consejo, este último zurriagazo:

> Concluye usted exhortándome a que aproveche los desengaños. No puede tener muchos quien no buscó la fortuna, ni deseó conservarla. Con todo, estimo y tomo el que usted me da, y le pago con otro consejo, que probablemente será el último, porque de ésta no quedará usted con gana de darlos ni recibirlos. Sea usted, si quiere, ingrato con su patria y desconocido con sus amigos; pero no caiga otra vez en la tentación de ser desatento con quien pueda tachárselo tan franca y justamente como
>
> Jovellanos [12].

Sí, a buen seguro que al obispo de Lugo no le quedaron ganas de seguir carteándose con Jovellanos; pero bien se puede creer que el reformador contrajo con su respuesta un furibundo enemigo, de esos que no perdonan; de los que en las horas bajas no dudarían en lanzarse sobre él para arruinarle.

En cambio, en quien encontró una gran ayuda fue en su hermano mayor Francisco de Paula, su hermano del alma. Cuando regresa de Madrid, después de la desafortunada experiencia de su

---

[12] *Epistolario*, ed. cit. de José Caso González, págs. 131-133.

breve ministerio, lo recordará con tiernísimo sentimiento, pues había fallecido en su ausencia:

> ... a su entrada —anota en su *Diario*— me llenó de amargura la falta de mi hermano, que tanto contribuía a la felicidad y dulzura de mi vida, en tiempo más venturoso. Su sombra virtuosa se me presenta en todas partes... [13].

A esta época pertenece su famoso *Informe sobre la Ley Agraria*, redactado para la Sociedad Económica de Madrid, a fin de que lo elevara al Consejo Real de Castilla. En dicho *Informe*, justamente famoso —acaso el más notable de sus escritos—, Jovellanos presenta la penosa situación del campo español a finales del siglo XVIII, analiza las causas de su desplome y plantea sus posibles soluciones. Las causas de su visible decadencia las divide en tres tipos de «estorbos»: los derivados de una legislación dañina, los que llama «morales» y los producidos por la propia naturaleza. Entre los primeros encuentra males como el apoyo a la Mesta —aquello de que se protegía más a las ovejas que a los hombres— y, sobre todo, el acumulamiento monstruoso de tierras en manos muertas o desinteresadas por su adecuado cultivo; entre los segundos, la falta de instrucción de propietarios y campesinos, añadiendo el rigor con que se trataba la vida rural; y entre los terceros, la escasez de riego, las pésimas comunicaciones y la falta de puertos de mar. En los tres casos el Estado podía mejorar el panorama del campo, con su acción benéfica, mediante las oportunas reformas: así, protegiendo al campesino frente a la Mesta, con la oportuna legislación reformadora, fomentando la instrucción de los labradores, amparando la vida rural y construyendo nuevos canales, carreteras y puertos. En suma, un lúcido trabajo sobre un problema ingente de nuestra vida nacional: el problema de la tierra. Jovellanos lo conocía bien; había reflexionado mucho sobre él, como se desprende de los constantes comentarios que aparecen en sus *Diarios*. No se trata, pues, de un informe apresurado, sino de un estudio serio y profundo, que pronto se hizo famoso. Por desgracia, Jovellanos jamás obtuvo del poder los medios para acometer la reforma agraria que propugnaba. Pero algunas de sus páginas me-

---

[13] *Diarios*, IV, 25.

recerán ser siempre recordadas. Así, cuando defiende la libertad del labrador, tantas veces sojuzgada por unas autoridades inciviles:

> No hay alcalde —denunciaba Jovellanos— que no establezca su queda, que no vede las músicas y cencerradas... y el infeliz gañán que, cansado de sudar una semana entera, viene la noche del sábado a mudar su camisa, no puede gritar libremente ni entonar una jácara en el horuelo de su lugar. En sus fiestas y bailes, en sus justas y meriendas, tropieza siempre con el aparato de la justicia...[14].

---

[14] *Informe sobre la Ley Agraria,* ed. de José Lage, Cátedra, Madrid, 1979, pág. 328.

5.—El poder

Cuando termina el año 1796, el 31 de diciembre, Jovellanos está de nuevo, pluma en mano, ante su *Diario*. No se trata, como tantas otras veces, de recoger en cuatro frases el estado del tiempo o alguna que otra pequeña incidencia del día. Jovellanos hace balance de su vida, como si presintiera que el año que se abre ante él le traería algo sorprendente. Piensa en formalizar su testamento, como si tuviera un mal presentimiento:

> Voy a entrar en los cincuenta y tres años —anota— y no deben esperarse las últimas señales de disolución para pensar en la posteridad [1].

Pero, por otra parte, como es animoso, hace también planes para el futuro. ¡Ojalá que el año entrante le permita colocar la primera piedra del nuevo edificio de su Instituto! ¡Ojalá que consiguiese reanudar las obras de la carretera de León, para sacar

---

[1] *Diarios*, III, 403.

Asturias de su aislamiento con Castilla! Ahí veía una de las claves de la prosperidad no sólo de Asturias, sino también de Castilla.

Por lo demás, desea seguir en su amado retiro de Gijón, en aquella vida tranquila y patriarcal que tanto valoraba. Cierto que de buena gana recibiría una muestra de Madrid, por la que todo el mundo entendiese que el rey le había vuelto a su gracia; pero no a costa de abandonar su querida Asturias, para tener que engolfarse en el trajín de la corte. Aunque su buen amigo y protector Arias, que seguía defendiendo sus intereses en Madrid, le instaba a regresar, Jovellanos se resiste:

> Según Arias —apunta en su *Diario* esa noche del 31 de diciembre—, es tiempo de pensar en volver a Madrid; no lo deseo, lo repugno; concibo que allí no gozaré la más pequeña parte de felicidad que aquí gusto [2].

Plantado ante el juicio de la posteridad, Jovellanos concluye que lo que importa es la obra, y no títulos vanos. La posteridad, esto es, la historia: ese tribunal a cuyo juicio favorable aspiran todos los hombres de mérito:

> La posteridad no me juzgará por mis títulos, sino por mis obras.

Para un estoico, eso basta. Este hijo de España, este discípulo lejano de Séneca hace entonces balance de su vida:

> Mi conducta ha sido pura, honesta y sin mancha, y espero que tal sea generalmente reputada. Si así (es), este testimonio me debe consolar de cualquier desaire de la fortuna; si no, debo contentarme con el testimonio de mi conciencia, *que sólo me acusa de aquellas flaquezas que son tan propias de la condición humana* [3].

No es la fortuna lo que busca el gran patricio; vano sería confiar en ella. Su alma, bien templada, no teme a sus desaires; tal parece que estamos leyendo los versos de Jorge Manrique. Lo que importa

---

[2] *Ibíd.,* 403.
[3] *Ibídem.*

es ser fiel a sus principios y estar a bien con la conciencia. Que sea la posteridad la que juzgue, pues él no encuentra nada que pueda turbarle, nada de qué reprocharse, si no son esas «flaquezas», por otra parte tan connaturales con la humana condición; velada alusión, sin duda, a tal que otra aventura amorosa, de las que sólo tenemos algún indicio.

Con ese ánimo estoico entra Jovellanos en el nuevo año de 1797. Se van sucediendo, tranquilos, los días, las semanas y los meses. Las mañanas las dedica a despachar la correspondencia, cada vez más nutrida; por las tardes, acude a su amado Instituto. Al caer el día gustará de pasear de cara al mar que acunó sus sueños infantiles. De cuando en cuando recibe alguna visita; de tiempo en tiempo prepara alguna excursión del Instituto por los alrededores; porque, anticipándose a los siglos venideros, entiende que no existe una educación completa si se abandona el contacto con la naturaleza.

En el mes de mayo, cuando mejora un poco el tiempo, se prepara una de esas jornadas campestres en el cercano lugar de Contrueces. Jovellanos dicta la orden, para que profesores y alumnos puedan disfrutar en ese día; eso sí, con la recomendación a la juventud de que tuvieran «aquella modestia y compostura que es tan propia de los jóvenes bien educados, como necesaria para gozar de los honestos placeres». No se trata, pues, de escandalosas francachelas. Incluso se visita al obispo, que allí tenía su finca; pero éste, primer hermano sin duda del de Lugo, se muestra despectivo, como receloso ante los afanes reformadores del gran patricio. Estamos ante otro enemigo de la Ilustración, y Jovellanos lo sabe:

> El Obispo no hizo la menor demostración ni cumplido; ya antes había mostrado su *indiferencia* hacia el Instituto. ¿Cómo puedo esperar otra cosa? ¿Por qué no contaré con que aborrece la ilustración que voy a difundir? [4].

Como estamos en Asturias, aunque sea el mes de mayo, la lluvia puede hacer acto de presencia en cualquier momento. No importa. La alegría ya es general. En la comida, aquella muchachada no cesa en sus cánticos y en sus brindis: resultado, alguna

---

[4]   *Diarios*, III, 426.

que otra borrachera. Pero ¿qué importa? Lo que vale es la alegría de vivir. Y así surge ese himno a la vida que brota de la pluma de Jovellanos:

> ¡Viva la alegría! Serena el tiempo y queda una tarde deliciosa. Nos aflige sólo la idea de la miseria pública. ¡Cuánto mendigo! Se socorre a todos. Se corre, se ríe, se juega, se trisca por todas partes.

Y al anochecer, la vuelta caminando a Gijón, todos cantando por el camino, con la noche serena, como único testigo. Se dan vivas al rey, a los Jovellanos, al Instituto. Y el corazón del reformador rebosa de gozo:

> Éste sí que es un placer puro y sin mezcla —anota en su *Diario*—. ¿Y hay quien no lo goce, pudiendo a tan poca costa? [5].

Y así, en esa vida serena, reposada, en que la obra reformadora avanza, se pasa también la primavera y se entra en el verano. El 31 de agosto, Jovellanos empieza ya a percibir signos claros de la corte de que algo se prepara en su favor: se le comisiona para una misión secreta en la empresa que el Estado tiene en La Cavada, dependiente del Ministerio de la Marina, donde fuertes diferencias entre el personal directivo perjudicaba su rendimiento. Jovellanos ha de ocultar su misión como si se tratara de una visita personal, propia de un carácter de ilustrado, que todo lo quiere conocer. Para ello simulará como si fuera la etapa de otro largo viaje que hace por todo el norte, en el que recorrerá otra vez las tierras de León, Santander y del País Vasco. Jovellanos lo aprovecha, además, para promover su anhelado camino nuevo entre Asturias y León, que permitiese una circulación fluida de coches y carros por Pajares, y no sólo de recuas de mulas y de caminantes. Pasa el puerto el 13 de octubre. El 14 está ya en Pola de Lena; allí le sorprende la noticia: en Madrid se había decidido nombrarle embajador en Rusia. Era, desde luego, volver a la gracia del rey. ¡Pero a qué precio!

---

[5] *Diarios*, III, 426.

Se la da un oficial, llamado Linares, que venía de Oviedo, con su sobrino Baltasar.

«¡Venga un abrazo! Que han hecho a Vuestra merced embajador en Rusia!»

Jovellanos lo toma a burla, ajeno por completo a tal nueva.

«¡No, no! Téngalo por cierto!»
«Hombre. Me da un pistoletazo. ¡Yo a Rusia! ¡Oh, mi Dios!»

Pero no cabe duda alguna: Baltasar, el sobrino de Jovellanos, le entrega los sobres oficiales, que Jovellanos abre con el mayor desasosiego, confirmando la nueva, que sus deudos tienen por buena, pero que a él le llena de pavor. ¡Ponerse en camino hacia Rusia de cara al invierno! ¡Abandonar así toda su obra y dejar atrás, quién sabe si para siempre, su paraíso asturiano!

> *Cuanto más lo pienso* —anota afligido en su *Diario*— *más crece mi desolación.* De un lado, lo que dejo; de otro, el destino a que voy; mi edad, mi pobreza, mi inexperiencia en negocios políticos, mis hábitos de vida dulce y tranquila.

Ante tal cúmulo de pensamientos la noche sería cruel[6]. Cuando llega a Gijón todo serán enhorabuenas y visitas de amigos y de quienes no lo eran tanto: los diputados de la villa, el clero, los familiares y amigos, los alumnos del Instituto, y hasta las gentes del buen pueblo. Gijón entero se ponía en fiesta por el alto cargo dado a su gran vecino y protector: disparos de cañón, cohetes, vivas de un público rumoroso; en suma, el pueblo iniciando «la movida».

No era ése el ánimo de Jovellanos, aturdido por lo que se le venía encima y tan pesaroso por dejar su vida provinciana como angustiado por la idea de tener que partir, de cara al invierno, a la lejana Rusia. Aquello, a finales del siglo XVIII, era una especie de aventura, que amilanaba a quien se consideraba que estaba traspasando los lindes de la vejez:

---

[6]   *Diarios,* ed. de Artola, cit. IV, 7.

> Yo solo[7] lloro de pena de dejar un pueblo que me ama y de gozo de ser amado[8].

Y más adelante:

> Todo alegría por de fuera; todo en mí[9] aflicción por lo que me aguarda, por lo que pierdo en abandonar un pueblo que me quiere bien, y una dulce residencia que me encanta.

Y cuando se hallaba ya en los preparativos del viaje, conformándose con aquella incierta suerte, otra vez se produce un cambio espectacular.

Día 13 de noviembre, lunes a mediodía. Se oyen cascabeles en la plaza. Es una posta que llega de Madrid. Es el correo del rey con un pliego para el patricio asturiano, con el nombramiento de ministro de Gracia y Justicia. Ahora sí que el salto resulta formidable: el antiguo proscrito, el desterrado de la corte, el que había caído en desgracia ante el rey, por mostrar abiertamente su disconformidad en el caso Cabarrús, era elegido para formar parte de los cinco que gobernaban España. «Adiós felicidad», adiós quietud para siempre.

Era peor aún de lo que esperaba como embajador, pues a su entender eran muchos más los riesgos que correría en Madrid de los que podía sufrir en Moscú o en San Petersburgo; al menos, claro está, bajo el punto de vista moral. En la casa todo eran gritos y abrazos, pues nunca se había visto nada igual, pero otro era el ánimo de Jovellanos:

> ... gritos, abrazos, mientras yo, abatido, voy a entrar a una carrera difícil, turbulenta, peligrosa. Mi consuelo, la esperanza de comprar con ella la restauración del dulce retiro en que escribo...

Y respondiendo a su hombría de bien, hace de inmediato un proyecto de buenas intenciones:

---

[7] *Solo*, esto es, el único; corrijo aquí el texto dado en la ed. cit., que acentúa la palabra.
[8] *Diarios*, IV, 7.
[9] *Mí*, pronombre, también aquí corrijo la ed. cit.

Haré el bien, evitaré el mal que pueda. ¡Dichoso yo si vuelvo inocente! ¡Dichoso si conservo el amor y opinión del público que pude ganar en la vida oscura y privada! [10].

Y ya, cuando se dispone a partir, teniendo que dejar su casa y despedirse de su queridísimo hermano Francisco de Paula, otra vez le entra la angustia y el abatimiento. Bien quisiera tener el firme carácter de su hermano, que procura animarle, pero todo es imposible. «Noche inquieta», apunta en su *Diario*. Y añade:

Breve y turbado sueño. Hasta las piedras excitan mis lágrimas [11].

Pero ¿cómo es esto? ¿Estamos ante un hombre sencillo que desdeña el poder? ¿Es Jovellanos simplemente un humanista, al que el azar ha encumbrado? ¿Estamos ante un nuevo Platón, que duda ante las tentaciones de ese encumbramiento en la corte, cuando esa corte la rige un tirano, a la manera de Dionisio el Viejo, en Siracusa? Porque, en principio, Jovellanos había sido educado cuidadosamente para la política, a partir de sus veinticuatro años, en sus dos etapas de magistrado; primero en Sevilla, desde 1768, y después en Madrid, desde 1778. ¿Habría manifestado la misma repugnancia si la oferta para sumarse al poder se la hubiera hecho Carlos III? También hay que recordar que las cosas estaban cambiando muy deprisa, desde que norteamericanos y franceses se habían lanzado a sus revoluciones. Todavía, lo ocurrido al otro lado de los mares podía tomarse como una advertencia del cambio de los tiempos; pero lo que estaba sucediendo en Francia, a partir de las jornadas de 1789, tenía ya el aire de las cosas irreversibles. Y eso ocurría cuando en el trono ya no se hallaba el admirado Carlos III con su notorio prestigio entre los ilustrados, sino su hijo, el torpón Carlos IV, alguien que ni siquiera era español, y que para mayor desgracia, unía a su estolidez la penosa situación de estar casado con «la parmesana», uno de los personajes más nefastos de nuestra historia. La pobreza moral e intelectual de la corte que le llamaba era lo que encogía a Jovellanos.

---

[10] *Diarios,* IV, 9.
[11] *Ibíd.,* IV, 10.

Pues, ¿cuál era el *idearium* político del patricio asturiano? Desde luego, no era un revolucionario, pero sí un partidario de que los pueblos fuesen gobernados por una Constitución, al modo de la francesa de 1791. Eso lo sabemos por una carta confidencial que escribe en 1794 a su amigo Alexander Jardine. En ella le dice textualmente:

> ¿Parécele a usted que sería poca dicha nuestra pasar al estado de Inglaterra, conocer la representación, la libertad política y civil, y, supuesta la división de la propiedad, una legislación más protectora de ella?

Por lo tanto, ya un primer ideal político: el modelo inglés. Pero también algo del francés, tomado sin los horrores del terror:

> Cierto que sería grande —la dicha del pueblo español— por más que estando en ella tuviésemos derecho de aspirar, no al sistema de Godwin, sino, por ejemplo, a una Constitución cual la que juró Luis XVI en 1791 [12].

Ahora bien, ¿cómo conseguir implantarla en la nación donde aún imperaba el sistema inquisitorial? ¿Sería preciso una sangrienta revolución que acelerase el proceso? No, al sentir de Jovellanos, que rechazaba lo que pudiera llevar al país a una guerra civil:

> Jamás concurriré —escribe a su amigo Jardine— a sacrificar la generación presente por mejorar las futuras. Usted aprueba el espíritu de rebelión, yo no [13].

De forma que Jovellanos quiere una evolución política para su país, que acabe dándole las libertades que los tiempos reclamaban; pero, dado que renuncia a los procedimientos violentos y dada la fuerza que tenía el oscurantismo en España, reforzado en los últimos años bajo Carlos IV, estaba claro que esa evolución tenía que ser lentísima. Y eso lo acepta, porque todo lo prefiere a los horrores de la guerra civil, en que se sacrificara a toda una generación.

---

[12] Jovellanos a Alexander Jardine, Gijón, 21 de mayo de 1794 (en *Epistolario,* ed. citada de Caso González, pág. 91).
[13] *Ibídem.*

Es un planteamiento que puede tener sus objeciones, pero lúcido, y hasta diríamos que consecuente con los ideales de un ilustrado, que retrocedía ante la experiencia de los excesos cometidos por la Revolución en la Francia de aquellos años.

Ahora bien, el dilema que se le planteaba era evidente: ¿Le sería lícito colaborar con un régimen cuyas directrices no compartía? Aquella corte que le repugnaba por su inmoralidad, aquel régimen que rechazaba por su arbitrariedad, ¿iban a tener su concurso? Por otra parte, si asumía esa responsabilidad, ¿no podría encaminar el Estado hacia ese constitucionalismo soñado? Porque está claro que de igual modo que aspiraba a que el país —empezando por su amada Asturias— prosperase y que se pusiese al nivel científico, técnico, educativo y económico de la Europa occidental, de igual forma quería algo análogo en el campo de la política. De hecho, todos esos campos estaban muy interrelacionados. Y él lo sabía.

Y de ese modo se hace la reflexión que hemos anotado: piensa en lo que suponía como ayuda para la consolidación del Real Instituto Asturiano, y añade:

Haré el bien, evitaré el mal que pueda.

Pero también se daba cuenta de los peligros que todo ello entrañaba:

¡Dichoso yo si vuelvo inocente! Dichoso si conservo el amor y opinión del público que pude ganar en la vida oscura y privada.

Porque la empresa era harto arriesgada. Pues una de dos, o lograba limpiar aquella corte podrida y encaminarla hacia mejores derroteros o él mismo podía acabar cediendo, convirtiéndose en otro político corrupto. Lo primero era harto improbable; para no caer en lo segundo, podía confiar en su fuerza moral. Pero entonces, si el sistema se mostraba más fuerte que él —aunque no tanto como para degradarle moralmente—, el resultado se podía profetizar: que el régimen de Carlos IV y «la parmesana» acabarían por arrojarle de su seno.

Lo cual, en términos jovellanistas, no era lo peor que podía sucederle.

Y los principios en la corte no pudieron ser más significativos.

Le sale al encuentro en el camino su gran amigo Cabarrús, al que debía probablemente el cambio de opinión del gobierno. Fue un momento altamente emotivo, pues ambos amigos no se habían visto desde que Cabarrús había sido procesado; y Cabarrús, que llevaba algún tiempo en Madrid, desde su liberación, le presentó un cuadro sombrío:

> No pintaré la ternura de nuestra entrevista —anota Jovellanos— ni el abatimiento que causó en mi ánimo la pintura del estado interior de la Corte [14].

Y no era sólo la corrupción cortesana. Era también la difícil situación económica y las alarmantes perspectivas en las relaciones internacionales, cuando ya ascendía la estrella de Napoleón, el victorioso general de las campañas de Italia contra el imperio austriaco, confirmadas en la paz de Campo-Formio de octubre de 1797. «Todo amenaza una ruina próxima que nos envuelva a todos», se lee en el *Diario* de Jovellanos.

Al día siguiente de llegar a la corte, Jovellanos es invitado a comer por Godoy. El patricio asturiano, sencillo en sus costumbres, comienza a sufrir. De entrada, ante la ostentación de lujo de la mansión de Godoy, él no aparece sino como un provinciano. «Vamos mal vestidos», anota avergonzado. ¿Acaso su linaje asturiano es inferior al del pacense? Al contrario. A su lado, Godoy no era sino un advenedizo. Pero un advenedizo que había hecho una asombrosa fortuna.

Para colmo del cinismo, haciendo gala de una total indiferencia ante los principios de la moral de la época, Godoy sentó a la mesa a su mujer y a su amante, la célebre Pepita Tudó. ¡Cuál no sería la confusión de Jovellanos!

> Este espectáculo acabó mi descontento —confiesa en su *Diario*—. Mi alma no puede sufrirle. Ni comí, ni hablé, ni pudo sosegar mi espíritu. Huí de allí... [15].

Jovellanos se refugió en su casa, donde pasó el resto de la jornada inquieto y abatido. Se entrevista a la noche con Cabarrús, con Saavedra y probablemente con su amigo Arias. Lo ve todo tan cuesta arriba, que quiere saber si aún puede renunciar al cargo.

---

[14] *Diarios,* IV, 11.
[15] *Diarios,* IV, 11.

Pero ya es tarde; ése es el precio que ha de pagar, si desea volver a la gracia regia.

Y entonces anota para la posteridad esta confidencia:

A casa, en el colmo del abatimiento [16].

Al día siguiente sería la toma de posesión de su cargo, como ministro de Gracia y Justicia.

Ser ministro en el Antiguo Régimen, cuando eran cinco las carteras ministeriales, parece un nivel de poder impresionante; más aún si se tiene en cuenta que España seguía poseyendo, todavía, el mayor imperio de ultramar, con las colonias americanas, desde Río Grande hasta la Patagonia, con Filipinas, acaso el mayor del mundo en su tiempo, si se tiene en cuenta que Inglaterra tenía reciente la pérdida de las colonias norteamericanas; si bien es cierto que el imperio inglés estaba en vías de un nuevo despegue, con su dominio de los mares, mientras que el español podía vaticinarse que tenía los días contados. Aun así, gobernar aquella magna monarquía suponía una gran hazaña, que a buen seguro que colmaría las ansias de poder de cualquier político.

De cualquiera, quizá. No de Jovellanos. Para el patricio asturiano se trataba de un sacrificio, al que llega por la presión de amigos y familiares; en especial de su protector Arias y de su hermano Francisco de Paula. Y no sólo porque tenía la oportunidad de volver a la gracia real (obsesión que resulta difícil de comprender, cuando los reyes eran Carlos IV y María Luisa de Parma), sino también por esa reflexión suya de que instalado en el poder estaría en condiciones de hacer el bien y evitar el mal, así como de consolidar el Instituto de Gijón.

Durante un período de casi ocho meses, Jovellanos estará en la cúspide de la política, en la cumbre del poder. En cierto sentido, había triunfado, había logrado alcanzar la meta de todo político. O, al menos, así podía parecer a la opinión pública. Porque Jovellanos tenía muy claro que ése no era el verdadero triunfo, que de triunfo sólo cabría hablar según los resultados. La victoria no está en sentarse en la poltrona ministerial, sino en los beneficios que se obtengan para el país a través del ejercicio de ese poder. Por lo

---

[16]   *Ibídem.*

tanto, el éxito, al menos a nivel del tribunal de la Historia, no está en conseguir el poder, sino en la calidad de la obra que se haga desde él.

En ese sentido, Jovellanos apenas si puede ser juzgado, en función del escaso tiempo que dirigió el Ministerio de Gracia y Justicia. Para colmo de males, y puesto que su ascenso había sido gracias al respaldo de Godoy, tampoco pudo beneficiarle la aparente caída del favorito, en una oscura maniobra política en la que pienso que aún falta no poco que decir, sobre la base de la oportuna documentación; aparentemente se debió a una presión del Directorio francés, que se aparecía temible en su fuerza militar, después de las increíbles victorias de Napoleón en Italia sobre Austria, en la campaña que dio lugar a la paz de Campo-Formio. Se señala que la desgracia de Godoy arrancaría de un escrito enviado a Jovellanos en que le animaba a entrar «en nuestro Directorio monárquico», frase que ya podía alarmar en la corte, pero más si, como algunos creían, no se había hecho esa referencia, sino al «Directorio ejecutivo» [17].

En todo caso, sí podría imputársele buena parte de la política tolerante observada por el gobierno de Carlos IV en este período, incluida la mayor benevolencia hacia los jesuitas que quisieran volver a España y el menor rigor de la Inquisición. En este orden de cosas, aunque la orden real es posterior a la caída de Jovellanos, también hay que asignarle su parte de «responsabilidad» en el cambio de actitud de la Corona hacia Olavide, devuelto a la gracia regia el 14 de noviembre de 1798.

Pero, sin duda, el hecho más importante cuajado por Jovellanos fue el nombramiento de Tavira como obispo de Salamanca, por sus implicaciones en la vida de aquella universidad. Es notable, a ese respecto, el informe que Jovellanos mandó al rey el 20 de mayo de 1798. En la diócesis de Salamanca, que estaba vacante, hacía falta una persona de singulares cualidades, le indica al rey, para enderezar los estudios de la primera Universidad del reino, enzarzada en vanas discusiones y en pugnas entre los aristotélicos y los filósofos:

---

[17] Cfr. GODOY, *Memorias*, cap. XLVII.

> Los aristotélicos acusan a sus contrarios de impíos y no-
> vadores…; y sus contrarios se vengan imputándoles el empeño
> de resistir toda reforma de estudios y hacer la guerra a toda
> ilustración…

Por lo tanto, el nuevo prelado de Salamanca debía ser tal que
fuera capaz de apoyar eficazmente la reforma de aquella Universidad, que todavía no parecía otra cosa sino «un establecimiento
eclesiástico». Y ese prelado no podía ser otro que Antonio Tavira [18]. Recordemos que Tavira tenía a su favor la tarea que había
realizado en su diócesis de Burgo de Osma, cuya Universidad había
mejorado ostensiblemente durante su episcopado.

Carlos IV accedió a la propuesta de Jovellanos. Resultado, ese
episcopado de Tavira durante diez años en Salamanca, tan importante para la historia de nuestra Universidad.

Y poco más hay que mencionar. Ocho meses en el poder,
cuando se está azuzado por intrigas, no pueden dar mucho más
de sí.

El 15 de agosto de 1798 caía Jovellanos. Después de una corta
estancia en el balneario de Trillo, donde acude para tratar de
reponer su quebrantada salud, regresa a su amado Gijón.

Desde entonces, acosado por la desgracia, puede decirse que
daba comienzo la última y dolorosa etapa de su vida, en la que le
esperaban el destierro, los largos años de prisión sin proceso, las
amarguras de la guerra frente a la invasión francesa y, por último,
la muerte.

---

[18]   *Diarios,* IV, 15.

Parte cuarta

La recta final

1.—Otra vez el destierro

El 15 de agosto de 1798, Jovellanos es cesado del Ministerio de Gracia y Justicia. Deja, por tanto, de pertenecer al club de los cinco. Para él no resulta ninguna sorpresa, ni entraña ninguna grave contrariedad; no digamos una desgracia, como tantas veces hemos visto que tal parece que les ocurre a tantos ministros de nuestros días cuando pierden el poder. Al contrario, de momento diríase aliviado:

> Exonerado del Ministerio de Gracia y Justicia por papel del 15...

Así lo anota en su *Diario,* otra vez reanudado. Exonerado, esto es, «aliviado, descargado de peso u obligación». Tal reza nuestro Diccionario de la Real Academia Española. Y es curioso que ello coincida con la reanudación de su *Diario.* A fin de cuentas Jovellanos, como prohombre de la Ilustración, tenía presente aquella consigna de Goethe: «Yo no podría valorar a un hombre que no escribiera un diario de su vida.»

Por lo pronto, pues, exonerado de su cargo; pero también con la salud quebrantada y la vista arruinada.

Escribo con anteojos —así reanuda su *Diario*— que ¡tal se ha degradado mi vista en este intermedio! [1].

Y a un amigo suyo, el coronel Robledo, al que debía carta, le hace un breve comentario, justificativo de su tardanza:

En medio de los males de mi breve Ministerio y del riesgo de mi vida... [2].

Pues tal se la gastaban los «ultras» bajo el reinado de Carlos IV: al parecer, nada menos que un intento de envenenamiento contra el ministro español acusado de jansenista [3].

De momento Jovellanos recibió el cese con una señal de recompensa por los servicios prestados: su nombramiento de consejero de Estado, un título que venía a ser honorífico, por la pérdida de actividad política de los Consejos bajo los Borbones y porque la orden de que siguiera ejerciendo las antiguas comisiones en Asturias (yacimientos carboníferos, caminos, Real Instituto Asturiano de Gijón) le apartaban por fuerza de Madrid. Cinco días después se encamina a los baños de Trillo, cercanos a Cifuentes. Y ya, reanudando su habitual costumbre en sus viajes, vuelve a escribir su *Diario*. Y otra vez empieza a anotar sus impresiones sobre todo lo que ve: el paisaje, las iglesias, los puentes, los cultivos, los hombres. En Trillo toma los baños, pasea con algunos amigos, antiguos y nuevos, lee algún libro; en suma, descansa de la pesadilla del poder. En él vuelve a retoñar el humanista y el ilustrado reformista. Ya que no le dejan gobernar, al menos que no le falte su afán de conocer el país, para idear cómo transformarlo. De cuando en cuando, como hacía en Asturias, realiza alguna excursión a los sitios cercanos que merecían la pena, como Cifuentes, donde visita los conventos de San Francisco y Santo Domingo y la iglesia parroquial. Es una excursión donde resucita el animoso Jovellanos. Va en una alegre compañía, con madama Vera, una murciana por la que aquellos días Jovellanos parece verse atraído, el barón de Les y el capellán de honor de la Orden de Alcántara. Les acompañan también el ayuda de cámara de

---

[1]   *Diarios*, IV, 16.
[2]   La carta la escribe ya desde Gijón, el 30 de noviembre de 1798 (en *Epistolario*, edición citada de Caso González, 109).
[3]   SOMOZA, *Jovellanos. Nuevos datos para su biografía*, Madrid, 1885, pág. 16; cfr. el artículo de CASO GONZÁLEZ, sin duda uno de nuestros mejores jovellanistas actuales, «Notas sobre la prisión de Jovellanos en 1801», en *Archivum*, XII, 1962, págs. 224-225.

Jovellanos, a caballo, y un guía del país; curioso viaje a la Alcarria que sorprenderá quizá por esas precauciones.

Ya se han olvidado las graves preocupaciones de Estado. Se habla animadamente, se comentan las novedades, se admira ora el paisaje, ora los edificios monumentales. Y como estamos a 30 de agosto, se organiza una comida campestre, buscando un lugar umbroso a la vera del Tajuña, que suscita este apunte del gran patricio en su *Diario:*

> Comida campestre y alegre, abundante y limpia; siesta. A ver los orígenes del río[4].

A mediados de septiembre deja los baños de Trillo, para preparar su regreso a Gijón. El 11 de octubre sale de Madrid. Pero su acompañamiento, como consejero de Estado y ex ministro, es otro. Van en su compañía su sobrino Baltasar, amén de un mayordomo, un ayuda de cámara, un cochero, dos lacayos, un cocinero, un paje y un conserje. Lleva un coche y una berlina, tirados por caballos. En cinco días se planta en León, donde se toma un descanso de ocho días, y en otros dos en Gijón, tras dormir en Pajares y en Oviedo.

Era «el regreso al hogar», tras casi un año de ausencia. La «borrascosa época», como la recuerda en su *Diario,* quedaba olvidada. Se dispone a vivir su antigua vida patriarcal:

> Nada me ocupa de cuanto dejo atrás.

Tal será el apunte de su *Diario*[5].

¡Otra vez Asturias! ¡Otra vez Gijón, el Gijón de sus antepasados, el Gijón de su niñez! Otra vez la posibilidad de renovar las viejas amistades y, sobre todo, de impulsar a su amado Instituto. En definitiva, de volver a la vida sencilla que tanto amaba.

Sólo que también había alguna amargura que apurar. Llevaba casi un año fuera; tiempo escaso, en la mayoría de los casos, pero en ocasiones lo suficiente para producir grandes cambios. La vida y la muerte están siempre presentes.

La muerte. En este caso, la de un ser querido, la de la persona que más amaba Jovellanos: su hermano Francisco de Paula, el compañero de sus juegos infantiles, el queridísimo «Pachín» que

---

[4]   *Diarios,* IV, 21.
[5]   *Diarios,* IV, 25.

aparece en sus cartas, el ocurrente contertulio, el que había colaborado con él en la fundación del Instituto Asturiano. ¡Qué hachazo! ¡Qué golpe tan brutal! En su ausencia ha muerto y ha sido enterrado. ¿Quién no llora con Gaspar la muerte de Francisco de Paula? ¿Quién no llora con él la pérdida irreparable del hermano? ¡El hermano mayor, al que tanto quería! Cuántas veces se le aparecerá en sueños para decirle: «¡He aquí que estoy vivo, que sigo a tu lado!» Cuántas veces se despertará diciendo: «¡Que todo no sea más que un sueño! ¡Pero tan vivo!» ¿Y no es acaso cierto? ¿No siguen los seres queridos triunfando de la muerte, vivos en nosotros mismos?

Y así en el *Diario* de Jovellanos, en general tan parco en las anotaciones familiares, el triste hecho encuentra un eco prolongado. Al entrar Jovellanos en la vieja casona familiar de Gijón, es cuando echa más de menos aquella dolorosa ausencia:

> ... a su entrada —escribe, ya lo hemos comentado— me llenó de amargura la falta de mi hermano, que tanto contribuía a la felicidad y dulzura de mi vida, en tiempo más venturoso. Su sombra virtuosa se me presenta en todas partes, y empezando a venerarle, como un justo que descansa, casi no me atrevo a llorar sobre sus cenizas [6].

La muerte de Francisco de Paula convierte a Gaspar en el mayorazgo de los Jovellanos, pues el hermano, aunque casado, había fallecido sin hijos. Jovellanos, por tanto, único varón aún vivo, debe hacerse cargo de la casona familiar y de todo el patrimonio. La cuestión no deja de ser delicada, porque Gertrudis, la viuda de su hermano, ha de abandonar la casa. Aunque con fortuna propia, reclamará la parte que le otorgó su marido, con impertinentes ribetes de veladas amenazas a la Justicia. ¡La miseria de la condición humana! Jovellanos, que apreciaba sinceramente a su cuñada, empieza a molestarse con tanta insistencia, suponiendo que por medio andaba una mano enemiga. Así, su «amantísima hermana», de la que se despide en sus cartas tiernamente, acabará siendo la cuñada de poco seso a la que a duras penas se tolera. Desde Trillo, a poco de su cese en el Ministerio, le escribe el 4 de septiembre de 1798 sobre pormenores de la herencia, dejados en gran medida en sus manos, y se despide en estos términos:

---

[6] *Diarios*, IV, 25.

> Sabes cuánto te quiero; descansa en fe de ello y mándame como a tu más fino y tierno hermano,
>
> 　　　　　　　　　　　　　　Gaspar[7].

Pero ya en Gijón, y ante las alusiones de su cuñada a la Justicia, le hará ver que lo que haga lo hará por generosidad y por la sagrada memoria de su hermano, para despedirse con un displicente «pásalo bien».

> Bien poco entendía de tu situación y la de esta casa quien te aconsejó las expresiones de tu carta, porque ni tienes gananciales que renunciar, pues no los hay, antes sí desperfectos, ni derechos que cubrir habiendo recogido cuanto trajiste al matrimonio y aún con mejora, y la parte de herencia que te fue dejada, según el libre convenio que se arregló contigo...[8].

Y como sabe que alguien está en la sombra azuzando a su cuñada, se lo dirá claramente:

> Respondiendo a tu carta del 21, me es muy sensible tener que contestar a quien te la dictó más bien que a ti...

Le recordará que tantas exigencias cuadraban mal con su notoria riqueza y que ya estaba bien de hacer públicas aquellas miserias. Y se despide con un seco:

> Gaspar[9].

Miserias, sin duda. Flaquezas de la condición humana que desasosiegan al buen patricio, ante el acoso desatento de su cuñada. Pero eso no le hace perder de vista que su principal objetivo, en su renovada etapa asturiana, es dar impulso a su Instituto de Náutica y Mineralogía.

Cuando Jovellanos regresa a Gijón tiene ya cincuenta y cinco años; edad que entonces se tenía por cercana a la vejez. Sin embargo, Jovellanos se mantiene en buen estado físico. Sólo una dolencia nerviosa, que achaca al estado de excitación constante en que ha vivido durante su etapa ministerial, afecta a su mano dere-

---

[7] *Cartas,* ed. Artola cit., IV, 209.
[8] *Cartas,* IV, 214.
[9] Carta del 30 de abril de 1799. *(Ibíd.,* IV, 215 y 216.)

cha. Se queja de que no tiene fuerza en esa mano diestra, lo que le impide escribir personalmente su correspondencia, y eso le fatiga. Pero, por lo demás, su estado es bueno, como se refleja en el famoso cuadro de Goya: sentado en hermosa silla ovalada ante la mesa de trabajo cubierta de papeles de Estado, la cara apoyada sobre el brazo izquierdo, con la mano en la mejilla, y los dulces ojos soñadores, no rezuma poder sino melancolía. No es un hombre de acción, sino un pensador traspasado a otra esfera. ¿Sueña quizá con la juventud perdida? ¿Sueña con la España imposible que anhela, la España ilustrada sin inquisidores ni corruptos? ¿Sueña acaso con su amada Asturias? De cuando en cuando, la sombra de una mujer ha podido turbar su vida; pero parece que hace tiempo que el sexo ha dejado de inquietarle, aunque los ojos sigan jóvenes, y deseen quizá más de lo que el cuerpo pueda.

Lo que está claro es que ese hombre de cincuenta y cinco años tiene ante sí una ilusión: impulsar su obra educativa a través del Real Instituto Asturiano. Y eso porque ve en la educación el verdadero motor del progreso humano.

> Para mí —escribirá por esos años a su amigo Floranes— la instrucción es la primera fuente de toda prosperidad social, y a la demostración y a la persuasión de esta verdad están consagrados mi celo, mis luces, mi tiempo y existencia [10].

Y pronto vuelve a ocuparse de sus clases y de sus profesores; del material que necesita para la enseñanza de Física —atención, unas máquinas eléctricas y neumáticas, que eran la gran novedad de aquellos finales del siglo XVIII—, o la forma de encauzar la disciplina nueva de la historia civil. Él mismo esbozará lo que había de ser el curso de Literatura castellana, pues quiere que sus futuros ingenieros tengan también una formación humanista.

El Instituto llena su vida, colma sus afanes. Por entonces anotará en su *Diario:*

> Vengamos a lo que más agrada e interesa: el Instituto.

Y a continuación recoge con detalle todo lo referente a las diversas clases y a los resultados obtenidos en los diversos exáme-

---

[10] *Cartas,* ed. cit., IV, 231.

nes. Él mismo pronunciará de vez en cuando algún discurso, como en la apertura de la clase de Ciencias Naturales:

> Dije una *oración* —anota— que había trabajado con mucho afán, no sólo por la novedad de la materia, sino por la extensión del plan que me propuse. Añadí, suprimí, borré; en fin, salió una cosa larga y, como cuanto hago, con algo bueno y mucho mediano, pero en lenguaje claro y sonoro.

Como puede verse, Jovellanos nunca está del todo satisfecho. No es un petulante y conoce sus limitaciones. Sin embargo, añade satisfecho:

> Todos quedaron contentos [11].

Mas el problema, como siempre, es el de la financiación. Al principio aún se mantiene el amparo regio. En abril de 1799 se le notifica la consignación anual de 60.000 reales. También espera algún socorro de América, sin duda de los indianos asturianos. Pero en 1801 —no en vano es el año de su prisión— pronto empieza a percibir la persecución. Lo sabemos por él mismo:

> La desgracia parece conjurada contra el Instituto, este precioso establecimiento, *tan identificado ya con mi existencia* como con el destino futuro de este país.

La falta de dinero había obligado a suspender las obras del nuevo edificio; la corte negaba los nuevos socorros que pedía Jovellanos, e incluso retrasaba el envío de los ya prometidos. Es más, una partida de América por valor de 5.000 duros, destinada al Instituto, era bloqueada en La Habana. Y Jovellanos anota, entristecido:

> Dicen que algunos malos paisanos de Madrid tratan de desacreditar el Instituto y que nueva y sorda persecución le amenaza [12].

Es por entonces cuando formula sus ideas sobre la historia, en las que aparece el lector de Voltaire. Ya está bien de considerar como único objetivo de la historia la guerra y la política, los reyes

---

[11] *Diarios*, IV, 27.
[12] *Diarios*, IV, 34.

y los soldados. ¿Qué pasaba con el resto del país? ¿Qué con el conocimiento de lo que era y había sido su población, su agricultura, su industria, su comercio, sus artes y letras, sus fiestas y costumbres? En otras palabras: ¿Es que nada importaba la historia civil? De ahí su amistad con Masdeu, aquel jesuita contemporáneo suyo que había empezado a publicar su *Historia crítica de España y de la cultura española*. Jovellanos le saluda como «el primero que ha intentado escribir nuestra historia civil». Y es cuando redacta aquella especie de manifiesto de la nueva historia, que aún se puede leer con provecho:

> Hechos y fechas relativas a sucesiones y casamientos y muertes de príncipes, a guerras y conquistas y a grandes acontecimientos enlazados con el estado político o eclesiástico, es *todo cuanto se ha buscado hasta ahora,* si tanto. Pero, ¿quién ha buscado en ellos, ni descubrió todavía, el origen y progreso de nuestra población, nuestra cultura, nuestra industria, nuestra literatura, nuestras costumbres, nuestros usos y estilos? ¿Quién los de nuestra constitución, legislación, policía, carácter nacional y espíritu público?

Todo ello había que buscarlo en los archivos civiles y eclesiásticos, para descubrir las noticias que ilustraran ese amplio campo de la historia civil; sin lo cual la historia

> ... nunca será otra cosa que un montón de hechos y noticias, de nada importantes, y sólo útiles para contentar la vana curiosidad y el más vano orgullo de algunos pueblos [13].

Corría el año 1800 cuando Jovellanos hacía ese canto a la historia civil, precisamente cuando Napoleón estaba dando tanto que hablar a los amigos de conmemorar las gestas militares.

Era la herencia gloriosa de la Revolución francesa, para unos; la desfiguración de los auténticos ideales revolucionarios, para otros.

Lo cierto es que Francia, tanto la de los años terribles del 93 y del 94, bajo la Convención Nacional, como la más templada y ya bajo la burguesía, presidida por el Directorio a partir de noviembre de 1795, se mostraba tremendamente peligrosa en política exterior. Y España lo había sufrido a su costa cuando, al entrar en

---

[13] *Cartas a Masdeu*, diciembre de 1800 (en la ed. cit. de Artola, IV, 237 y 241).

la primera coalición europea contra la Revolución regicida, había visto invadir sus fronteras, tanto por Cataluña como por el País Vasco. La apresurada paz de Basilea de 1795 puso de manifiesto el temor de Carlos IV, María Luisa y Godoy al nuevo poder instalado en París.

Y ese temor no sólo persistiría sino que se vería aumentado durante los cinco años en que Francia fue gobernada por el Directorio. Y ¿cómo no, si la nación vecina había sabido montar un instrumento militar tan formidable? Formidable por el número, gracias a las movilizaciones generales; pero más temible aún por su moral de combate, a los gritos nuevos de libertad, igualdad y fraternidad, bajo la música del más hermoso de los himnos de guerra: la *Marsellesa*. ¿Qué podrían hacer contra ese ejército popular las tropas mercenarias de los estúpidos regímenes monárquicos de finales del siglo XVIII? Era el combate entre las fuerzas enfervorizadas del progreso y los últimos reductos de un oscurantismo en retirada. Los mismos pueblos vecinos a Francia —en especial el italiano— acogían jubilosos a los ejércitos de la Revolución. De forma que serían las tropas de la Convención Nacional las que darían a Francia aquellas fronteras naturales por las que en vano había combatido Luis XIV: el Rin y los Alpes. Si la Convención Nacional había obligado a firmar la paz de Basilea a España, el Directorio había impuesto la de Campo-Formio a Austria después de la primera campaña de Bonaparte en Italia. A poco, las tropas francesas dictaban su ley en Holanda como en Suiza, en Piamonte como en Lombardía, en Génova como en Roma. El derrocamiento de los Estados Pontificios en 1798, la instauración de la República romana y el apresamiento del papa Pío VI acabó de alarmar a la corte de Madrid. ¿Quién podía estar a seguro de las ambiciones de Francia? Sólo el mar parecía poner un foso insalvable, bajo la protección de la armada inglesa; pero no había ningún foso marino entre París y Madrid.

Todo ese ímpetu de expansión se mostró aún más formidable desde el ascenso de Napoleón al poder, tras las jornadas del 10 y 19 de brumario en París, que desplazaron al Directorio por el Consulado. Y la victoria que cosechó en Marengo en 1800 vino a poner el sello.

Tan amenazadora estaba la situación internacional que Jovellanos se mostraría sensible a sus novedades; en su *Diario* aparecen muchas más referencias a estos sucesos de la política exterior que en años anteriores. Antes parecía como si en el retiro de Gijón, aquella villa perdida de la apartada Asturias, se podía vivir olvidado del mundo; ahora, y a partir de 1800, cada vez se notaba más y más que algo terrible, que un tremendo torbellino se estaba formando, un a modo de vendaval que acabaría por llegar a todos los rincones.

En abril de 1799 conoce tales noticias, que le asombran y le alarman:

> Grandes novedades políticas en este período —anota Jovellanos—. Bonaparte se asegura en el Egipto; desbarata y castiga una revolución en El Cairo. Huyen los monarcas de Turín y Nápoles a Cerdeña y Sicilia; el pueblo del primero se entrega, y los franceses le dejan o hacen declararse república. Hoy se duda si en accesión a la grande o independiente. El segundo, dividido en partidos, se destroza a sí mismo; y es luego conquistado. Su rey, mal seguro en Sicilia. Rota la paz con el Emperador. Abierta la campaña con la sujeción de los Grisones y gran destrozo de los alemanes [14].

Y tres días más tarde:

> Correo: van mal los alemanes; derrotados por Jourdan sobre Ulm, y en parte por Masena y otros en los Grisones... [15].

En 1800, esos temores se centran ya en un nombre: Napoleón. El 2 de enero lo señala así:

> Correo: se va aceptando la nueva constitución francesa; Bonaparte, reputado en todas partes un tirano ambicioso; él redundió en sí todo el fruto y ventajas de tan costosa revolución, pero ni volvió a la nación el antiguo régimen, ni dio a su patria la libertad [16].

Un año después la humanidad franquea un nuevo siglo. El hecho parece cargado de simbolismo. Es 1801 el año que abre la nueva centuria. Se adivinan cambios formidables. Y Jovellanos lo sensibiliza, como si previese ya su próximo encarcelamiento. El 1 de enero coge la pluma, temeroso, y escribe:

---

[14] *Diarios*, IV, 26.
[15] *Ibíd.*, 27.
[16] *Ibíd.*, 31.

Abrimos el siglo XIX. ¿Con buen o mal agüero?

E inmediatamente, como queriendo darse ánimos a sí mismo, añade, cual podría hacerlo un estoico:

> Pero al hombre le toca obrar bien y confiar en la providencia de su grande y poderoso creador [17].

¿No vemos en esa apelación a la misericordia divina, un temor a los hombres? ¿De qué valen las buenas obras con éstos? De eso ya tiene experiencia Jovellanos. Sabe que se está fraguando su ruina. Algunos informes le han llegado, sin duda. Y confía sus temores a lo íntimo de su *Diario:*

> Si la guerra fuese noble y abierta, no la temería; ¿qué digo? La provocaría abiertamente, cierto del triunfo, ansioso de la nueva gloria que resultaría al establecimiento; pero ¿quién podrá parar los golpes que la calumnia y la envidia dan en la oscuridad?

Y otra vez se refugiará en el amparo divino:

> La Providencia, que vela siempre sobre los derechos de la justicia; si ella permite la ruina, veneremos sus altos juicios [18].

¿Guarda relación la desgracia que presiente con los avances napoleónicos sobre España? Pocos días después lo recoge telegráficamente, pero dando la impresión del mal efecto que le causan; que no en vano ya había tildado a Napoleón de tirano destructor de las libertades conquistadas por la Revolución. Lo que ocurre es que la corte de Madrid se ha aliado con el corso, lo que obliga a eliminar los juicios adversos:

> Vienen noticias de pasmosos progresos de las armas francesas, en la gran línea que forman sus ejércitos desde Wuztburgo hasta el Tirol, y aún hasta Mantua, pues todos se dan la mano. 25.000 prisioneros, 15.000 entre muertos y heridos, 140 cañones, 70 leguas del territorio andadas en veinte días y sujetas. Un armisticio firmado por 30 días; la paz, segura. Hostilidades anunciadas entre Inglaterra y Rusia. Nuevas

---

[17] *Diarios,* IV, 34.
[18] *Ibídem.*

amenazas de nosotros a Portugal; nombrado generalísimo el Príncipe de la Paz; a sus órdenes, Sangro.

¿Qué quiere decir con todo ello? Nada bueno, sin duda. Esa descabellada invasión de Portugal, cediendo a la presión de Napoleón, tenía que ser reprobada por Jovellanos. Pero sólo se atreve a un pequeño comentario:

Todo se conmueve. Veremos [19].

Por lo tanto, Jovellanos enemigo de la expansión napoleónica, personaje al que considera un tirano. ¿Tendrá algo que ver su prisión con ello? ¿Existió una presión francesa? ¿Pidió el embajador francés, o mejor dicho, exigió algo a este respecto de la corte madrileña? No necesariamente, pero es posible que el Gobierno de Godoy creyera que con ello agradaba al poderoso cónsul de Francia. Porque el oscurantismo no tenía mayores reproches que hacer a Jovellanos que los de siempre: su adhesión a una línea ideológica que podría llamarse el jansenismo español. Y eso sí que Jovellanos lo acusa:

Azotes al partido llamado jansenista. ¡Ah! ¡Quién se los da, Dios mío! Pero ya sabrá vengarse [20].

El 20 de enero es el último día anotado en su *Diario,* antes de su prisión. Y como si la presintiera, escribe de igual manera que si tuviera en sus manos la pluma de Calderón y fuera a componer un verso de *La vida es sueño:*

Martes 20: Poco sueño. Nubes. Frío [21].

Es el frío del alma del que se ve abandonado por los hombres, que ya venía anunciada desde octubre de 1800, cuando de pronto, empiezan a no asistir a su tertulia de Gijón algunos de sus antiguos amigos y conocidos. Jovellanos lo apunta dolorido:

Me han dejado los concurrentes a mi casa, algunos del todo... Acaso volverán. Nada me importa [22].

---

[19] *Diarios,* IV, 36.
[20] *Ibíd.,* 96.
[21] *Ibídem.*
[22] *Diarios,* IV, 30.

Pero sí que le importa porque, a fuer de buen ilustrado, la tertulia de su casa era media vida para él.

Su casona, pues, sin la tertulia, triste y sombría. Algo que le desvela, que le pone como el tiempo invernal, tristón y sombrío:

Poco sueño. Nubes. Frío.

Y a poco, la prisión.

2.—El prisionero de Bellver

He vuelto a Bellver. He viajado de nuevo hasta Mallorca para ascender, desde Palma, al castillo. He querido evocar allí al gran patricio, en uno de los momentos más grandiosos de su existencia.

Porque cuando el gobierno ignominioso y arbitrario de Carlos IV procede a la prisión sin proceso de Jovellanos, conculcando todos los derechos del hombre que ya habían consagrado Norteamérica y Francia y que hacía siglos que eran patrimonio de Inglaterra; cuando de esa manera se procedía contra el estadista que vivía apartado en su retiro de Gijón, dedicándose no a intrigas políticas o palaciegas, sino al fomento del bienestar de su región, a través de su amado Instituto, el país elevó al perseguido a la categoría de héroe nacional.

Y bien podía hacerlo, porque era la víctima de aquella guerra entre el oscurantismo y las luces. Desde entonces Jovellanos se alza por encima de las mediocridades políticas de su tiempo. Al soportar, con la dignidad de un estoico, el rigor de aquella persecución, se encarama al primer puesto de la política nacional. Para el oscurantismo será el enemigo a perseguir; para la otra España, quizá todavía minoritaria, la figura paradigmática, el padre de la patria. Antes de Bellver, Jovellanos apenas si era algo más que un político en desgracia, un ilustrado resignado a una tarea regional: la de fomentar la riqueza y el bienestar de su amada Asturias. A partir de su oprobiosa prisión, Jovellanos simbolizaría las esperanzas de la España secuestrada por María Luisa y Godoy.

He vuelto a Bellver. Desde Mallorca, andando, he recorrido de nuevo el paseo entre pinos que se corona en la colina con el castillo. He estado en la plaza de armas, he ascendido a la torre del homenaje, he contemplado el paisaje de pinos, con el mar azul al fondo, que vieran en su día los ojos de Jovellanos. He querido sentir lo que él sintió, ver lo que él vio, padecer como él sufrió. El asturiano insigne; el estudiante de Oviedo, Ávila y Alcalá; el magistrado con ribetes de poeta (mezcla asaz rara, en verdad, aunque no imposible) de Sevilla; el académico de todas las Reales Academias de Madrid; el cortesano emocionado que hace el elogio de su rey, el gran rey Carlos III; el defensor de los amigos injustamente maltratados por un régimen despótico; el reformador ilustrado, fundador de un centro piloto nuevo para educar a la juventud; el promotor de la riqueza de su tierra natal; el hombre bueno que vive y lucha por modernizar a su patria, ese personaje que acumula tantas cualidades nobles es ahora el perseguido y encerrado.

Y no es que sea sometido a terribles tormentos de los que castigan la carne; se podría pensar, por ello, a la vista de las habitaciones que ocupa en Bellver, que su encarcelamiento es benigno. Ciertamente, Carlos IV no fue un rey sanguinario; fue simplemente el torpe amparador de políticos mediocres.

Decimos que Jovellanos no fue torturado. Acaso sí. No lo fue físicamente, pero ¿cómo considerar esa pérdida de la libertad, ese destierro prolongado, ese tratamiento despótico con el que es arrancado por la fuerza de su casona familiar de Gijón, para ser llevado como un peligroso delincuente entre soldados, hasta la reclusión en Mallorca? ¡Qué gran humillación no experimentó! ¡Qué sentimiento de impotencia al ver cómo pasaban los meses y los años sin que se iniciara el proceso en el que pudiera defenderse! ¿Acaso no había profetizado ya algo de esa desventura? ¿Acaso no había clamado contra los ataques insidiosos en la sombra? Recordemos de nuevo aquellas palabras suyas:

> Si la guerra fuese noble y abierta, no la temería; ¿qué digo? La provocaría abiertamente... pero ¿quién podrá parar los golpes que la calumnia y la envidia dan en la oscuridad?

Y ¿qué decir de su sufrimiento cuando tuvo noticia de la supresión de su Instituto, el que consideraba la obra de su vida?

Cierto que hubo proceso, pero secreto, no público en el que Jovellanos pudiera saber de qué se le acusaba y pudiera también defenderse. Y ese proceso, incoado en la Audiencia de Oviedo por su regente, el magistrado Andrés Lasauca, prueba bien el tipo de batalla que se estaba librando. Se le acusaba de algo tan peregrino como de leer libros prohibidos y de ser partidario «de la pésima filosofía del día». Se le achacaba el destacar entre los llamados novatores. Le atribuían tales pasiones que se le veía como un peligro para la sociedad y como algo «abominable» para todos, salvo para quienes seguían sus torcidas enseñanzas. Enemigo de la Iglesia, lo era también del trono, pues contra él había conspirado en su etapa de ministro; tal era la delación que había dado pie a iniciar el proceso por el regente de la Audiencia ovetense, azuzado por el ministro Caballero. Para colmo de aquella acusación, el Instituto Asturiano —que bien podía haber sido una de las glorias del reinado de Carlos IV— era tachado de centro de disolución; en algo acertaban los acusadores: el Instituto fomentaba la libertad.

¡La libertad! Esa maravillosa palabra, tan temida por todos los regímenes despóticos, como la antítesis de su concepción de la vida. Por lo tanto Jovellanos, promotor de la libertad, se convertía en el enemigo a batir por el Gobierno. Era preciso imponerle tal castigo que sirviera de escarmiento: «Parece que el mejor medio —recomendaba el delator, personaje anónimo pero sin duda poderoso, por la autoridad con que se expresaba y por el caso que el Gobierno acabaría haciéndole— sería separarle, sin que nadie lo pudiese penetrar, muy lejos de su tierra, privándole de toda comunicación y correspondencia.» Con ello se conseguiría «el escarmiento de él y de los infinitos libertinos que abrazan su perniciosa doctrina...»[1].

Evidentemente, para que prosperase esa ramplona delación hubo algo más: la fama de jansenista y de amigo de novedades políticas de Jovellanos, que podía apreciarse en sus escritos; sus roces con figuras de la Iglesia —tal el conflicto al que hemos aludido con el obispo de Lugo, posiblemente vinculado al autor de la delación—; y, sobre todo, el hecho de que apareciese una edición castellana de El contrato social de Rousseau, en cuya introducción se hacía una loa a Jovellanos, como político progresista frente al

---

[1] Cit. por ARTOLA, op. cit., III, pág. XXXVI.

oscurantismo imperante en el gobierno español de aquellos días. En vano Jovellanos protestó contra su posible participación en tal publicación. Si en Madrid tenían alguna duda, aquel hecho bastó para convencerles sobre la necesidad de actuar pronto contra el patricio asturiano.

En principio, y ante sus protestas de inocencia en cuanto a la que en aquella edición castellana de *El contrato social* se apuntaba, el gobierno tranquilizó a Jovellanos: «Si hubiera de pender la reputación de cualquier individuo de una sociedad de que le elogiasen los extranjeros o le vilipendiasen, según les viniera a cuento —le escribiría el entonces ministro Urquijo—, sin dar otra prueba, seríamos bien infelices y nuestro estado muy precario; por esa regla debe Vm. serenarse y creer que *tan seguro vivirá Vm. como lo estará su conciencia...*»[2]; carta en la que ya el ministro desliza esa velada amenaza, como si no creyese demasiado en la sinceridad de Jovellanos. Y al día siguiente confirmaría su recelo, pidiéndole en nombre del rey que dijese todo lo que supiese al respecto[3].

Lo cierto fue que en el proceso iniciado, Lasauca —el regente de la Audiencia de Oviedo— se mostró en lo posible en aquel penoso asunto como un magistrado honesto y desapasionado; los documentos publicados por Somoza lo demuestran[4]. Pero las órdenes de la corte lo cortaron de improviso, ordenando el apresamiento de Jovellanos y su destierro a Mallorca.

Ésa fue la penosa tarea encomendada a Lasauca. Presentándose de improviso en Gijón, cuando despuntaba el día 13 de marzo, con una fuerte escolta armada, cercando la casona del patricio como si se tratara de prender a un peligroso delincuente, sorprendió a Jovellanos en el lecho, secuestró sus papeles, lo tuvo incomunicado aquel día, y al siguiente le hizo caminar hacia el destierro con una escolta de cuatro soldados y bajo su propia vigilancia. La conmoción que tal suceso produjo en Gijón fue tremenda.

Y, sin embargo, otra vez es preciso aclarar que Lasauca obraba obedeciendo órdenes. Y obedeciéndolas a disgusto, como convencido que debía estar, por la pobreza de las acusaciones formuladas, de la egregia calidad de su prisionero. De forma que en esta ocasión se produjo el notable hecho de que el carcelero terminó congeniando, cuando no admirando, a su prisionero; hasta el punto de

---

[2] *Obras*, ed. cit. de Artola, V, 342.
[3] *Ibíd.*, págs. 342 y 343.
[4] JULIO SOMOZA, *Documentos para escribir la biografía de Jovellanos*, Madrid, 1911.

que entre los dos acabó cimentándose una buena amistad, a lo largo del mes que duró la travesía entre Gijón y la costa catalana.

Y tan es así que, como veremos, esa amistad se inicia de inmediato y se traduce nada menos que en un *Diario,* al modo de los que tanto gustaba de escribir Jovellanos, pero en el que quien lo escribe será el regente. Y un *Diario* con unos detalles sorprendentes de compasión y de simpatía de Lasauca hacia Jovellanos, como luego observaremos. ¿Estaremos ante un síndrome especial, la antítesis del llamado síndrome de Estocolmo? ¿Podríamos bautizarle con el nombre de síndrome de Gijón?

En efecto, aunque el *Diario* del viaje entre León y Barcelona aparece como de Jovellanos —y con justicia, en parte, porque sin duda es su inspirador—, el estilo es otro. No de un asturiano sino de un aragonés, conocedor de la tierra catalana a la que mira con antipatía. «La posada, puerca como de catalanes», comenta en Mollerusa, con una expresión que no era del estilo de Jovellanos. Antes, al llegar a Zaragoza nos describe el encuentro con su familia: su madre, su hermana Rita y otra persona de su familia («mi Germanita»), acaso su hija. En fin, por si hubiera una duda, él mismo se cita, cuando al hacer posada en Fraga se encuentra con la inesperada visita del corregidor:

> Visita del Corregidor —anota—, que se nos echó encima de súbito. ¡Qué visita y qué hombre! Juró, votó y amenazó primero; y después, convidó, ofreció y disparató como hombre alelado, accidentado y con sus puntas de atolondrado. *Nótese que venía a arrestarnos;* porque a la noticia de mi nombre, que se le dio de la posada, y suponiéndome en Asturias, creyó que algún Saavedra le había usurpado y venía a dar en él de recio. Gracias *al escribano que trajo consigo y me conocía y dio fe y testimonio de ser real y verdaderamente don Andrés Lasauca* [5].

Por lo tanto estamos ante una curiosa muestra, en cierto sentido, de la solidaridad humana. En el *Diario,* Jovellanos no aparece citado sino como «el compañero». Para Lasauca se trataría de una experiencia única, bien reflejada en su despedida, cuando se acerca a Barcelona y ha de entregar su prisionero a las autoridades ca-

---

[5]   *Diarios,* IV, 61; el subrayado es nuestro.

talanas. Ya ese día —que era 13 de abril—, lo comienza apuntando con pena:

> Cumple justamente el mes de nuestra unión y raya el día de separarnos.

Y termina con estas emotivas palabras:

> La hora de nuestra separación se acerca. ¿Qué hado siniestro la ordena? Pero mi compañero, seguro de su inocencia, se entrega en los brazos de la Providencia Divina, y *ambos concluimos este Diario* que en tan largo y molesto viaje nos ha ofrecido su honesto e inocente entretenimiento. ¡Denos el cielo algún día el placer de repasarle juntos con la misma buena unión que le escribimos! [6].

Que hasta ahí llegaba el poder de atracción de Jovellanos, capaz de hacer de su carcelero un amigo.

¿Cómo y cuándo se produjo ese curioso fenómeno de captación? A efectos sin duda, del fuerte impulso que siente Jovellanos por escribir sobre todo lo que ve, y particularmente cuando se trata de tierras desconocidas para él; Jovellanos, que había estado en Galicia y en Andalucía, que conocía bien las dos Castillas, Santander y el País Vasco, jamás había estado en la Corona de Aragón. Él es ya un prisionero de Estado, y no sabe por cuánto tiempo; eso es accidental. Lo que sigue siendo y nunca dejará de serlo, es un ilustrado que quiere conocerlo todo; en suma, un enciclopedista.

Ahora bien, ¿cómo escribir notas y más notas, sobre sus observaciones de viaje sin levantar sospechas? Eso le estaría vedado. ¿Pasará, entonces, por esas nuevas tierras sin los oportunos comentarios? ¿Qué puede hacerse? Muy sencillo: convencer a su carcelero para que lo haga en su nombre; o mejor aún, hacerlo aunadamente. Él hará las observaciones y el otro, con su peculiar estilo, las pondrá por escrito.

De forma que durante la jornada iban anotando los nombres de los pueblos, de los ríos y de las montañas que franqueaban, los cultivos de las tierras, los precios de las cosas y los monumentos más notables; y por las noches, en el secreto de la cámara de dos lechos, la cámara que compartían el guardián y el prisionero, el

---

[6] *Diarios,* IV, 66.

patricio recuperaba toda su autoridad moral, y sobre las notas tomadas, hacía sus comentarios y dictaba, para que el guardián, convertido en amanuense y admirador, lo escribiese todo en largas parrafadas, con su personal estilo, y dirigiéndose de cuando en cuando, en afectuoso tono, a su «desgraciado e inocente compañero».

Y tal captación se produjo, sin duda, durante los diez días que han de permanecer en León, para recibir instrucciones de donde iba a ser desterrado. Pues el nuevo y curioso *Diario*, como quien dice, escrito a dos manos, se inicia, no a la salida de Gijón, sino cuando parten de la antigua *Legio;* de ahí que, al llegar a Barcelona, donde Andrés de Lasauca debía entregar su prisionero a las autoridades militares, termine con aquellas significativas palabras:

> ... un compañero, seguro de su inocencia, se entrega en los brazos de la Providencia Divina, y *ambos concluimos este Diario...*

Y aún añade, esperanzado:

> ¡Denos el cielo algún día el placer de repasarle juntos con la misma *buena unión que le escribimos!* [7].

Ése, pues, fue el único entretenimiento en aquella penosa travesía hacia el lejano destierro. En Barcelona se le alojó en el convento de la Merced, donde pasó la noche, para embarcar después en el bergantín correo de Mallorca. En Palma fue trasladado inmediatamente a la cartuja de Valldemosa, que después harían famosa Chopin y George Sand y que ya podía serlo por haber dado noble hospitalidad al patricio asturiano.

Era el 18 de abril de 1801.

Recibido por aquellos monjes con caridad, que pronto se convirtió en amistad, volvió a surgir el fenómeno del gran poder de captación de Jovellanos sobre quienes estaban libres de prejuicios. Pronto Jovellanos empezó a gustar de aquella paz monacal. ¿No venía a recordarle aquella primera educación suya, dirigida hacia la Iglesia? Por otra parte, tantos reveses y tantos golpes de la fortuna prepararon su ánimo para menospreciar cada vez más las cosas de este mundo, y para afianzar su nota estoica. Su sincera religiosidad le llevó a sumergirse en aquel remanso de paz. ¿Esta-

---

[7] Naturalmente, el subrayado es nuestro.

mos en la cartuja de Jesús Nazareno? ¡Pues hagamos vida de cartujo! Seamos uno más en sus oraciones y en sus ayunos.

Unos meses después, serenado ya su ánimo, reanudará su vieja costumbre: el *Diario*. Sale de paseo con algún monje, observa los cultivos y la obra de artesanía de los lugareños, y escribe:

Septiembre 23. Con fray Antonio a la torre de Garcerán...

Por supuesto, lo espaciará más, señal de que su ánimo no es el mismo. En octubre sólo tiene dos breves apuntes; para los días 14 y 15. Después dejará pasar mes y medio, para comentar una excursión que hace en compañía del padre prior. La mañana es bellísima, con el campo cubierto de rocío; lo que le hace pensar en el clima benigno de la isla, pues con el otoño tan avanzado, en Castilla no sería rocío, sino escarcha. A la vuelta come con él fray Antonio. Por la tarde, paseo, lecturas (atención, las Parábolas de Salomón) y tertulia [8].

¿Ha recuperado la paz? No del todo. Pues aún le queda el gusanillo de que no se formalice su proceso, para que su honor quede a salvo. Que se diga públicamente de qué se le acusa. Trata de hacer llegar su petición al mismo Carlos IV, a través de su pariente, el marqués de Valdecarzana; pero el marqués acabó rehusando aquella peligrosa misión, por lo que hubo de confiarla a su antiguo capellán de Gijón, Sampil, quien no pudo lograr ese objetivo. Habiendo trascendido lo que se fraguaba, por filtraciones de algún familiar o allegado, Sampil fue detenido al llegar a Madrid y encarcelado, mientras los mejores amigos de Jovellanos (Arias Saavedra y Ceán Bermúdez) eran confinados en apartados lugares de la Península.

Tal era el grado de aislamiento en el que el ministro Caballero mantiene a Jovellanos frente a la corte. Y no pareciéndole ya seguro el retiro de la cartuja de Valldemosa, ordenará que Jovellanos pase al más riguroso encierro del castillo de Bellver, el 5 de mayo de 1802.

Allí pasaría Jovellanos casi seis años, en condiciones verdaderamente penosas.

Sería ya el prisionero de Bellver. Pero recordaría siempre, con particular afición, las jornadas de la cartuja de Valldemosa, la paz de aquel claustro y la amistad de sus benditos frailes que usaron

---

[8] *Diarios*, IV, 67 y 68.

con él lo mejor de su condición cristiana: la acogida cordial, el amoroso cuidado con el que curaron su alma dolorida.

Y Jovellanos correspondió como siempre era: con señorío. Quiso vivir la vida frugal de aquellos frailes, en sus comidas sencillas, compartió sus horas de rezo y sus silencios, comió su pan y observó sus madrugones, a los que por otra parte estaba ya bien acostumbrado, conforme a sus hábitos de viajero, en que siempre había que estar en pie a las tres o las cuatro de la madrugada. Ordenó los libros del convento, leyó sus manuscritos y costeó la arbolada avenida que, desde entonces, facilitaría el acceso al monasterio. Llevado de su amor a la naturaleza, incluso aprendería del religioso boticario los secretos de las plantas medicinales, adentrándose en el estudio de la botánica.

> Para hacer más dulce, útil y entretenida aquella solitaria residencia, emprendió estudiar la Botánica —nos narra su biógrafo Ceán Bermúdez—, aprovechándose de las luces y conocimientos en esta ciencia del religioso boticario del convento, que había conocido en el del Paular el año de 1780... Trabó aquí con él estrecha amistad, y paseando juntos por aquellos montes y amenos valles en busca de plantas y yerbas, explicaba el religioso sus figuras, virtudes y demás propiedades; y ordenando don Gaspar esta explicación en forma de elementos, llegó a ser esta obra muy preciada e interesante a la salud pública en aquel país [9].

Ya tenemos, pues, al antiguo magistrado, al tímido poeta, al reformador ilustrado, al ministro por unos meses, al viajero sempiterno, al cartujo por devoción, al perseguido y desterrado patricio, convertido en botánico.

Sí, era —ciertamente— una buena manera de olvidar las amarguras de su encierro. Era convertir su destierro en tierras tan lejanas de las de su amada Asturias, en un descanso para su alma y para su cuerpo. Era saber apreciar lo que suponía aquel pequeño paraíso perdido, treinta y siete años antes de que lo descubrieran Chopin y George Sand; pues aunque la escritora francesa tuviera tantos improperios contra la isla, también serían de ella aquellas célebres loas a Valldemosa, escritas en la historia de su vida:

---

[9] J. A. CEÁN BERMÚDEZ, *Memorias para la vida de Gaspar-Melchor de Jovellanos...*, Madrid, 1814, págs. 85 y 86.

Es el más bello lugar que nunca haya vivido y uno de los más hermosos que jamás he visto. La Cartuja es en sí tan hermosa, bajo sus festones de hiedra, la florescencia espléndida del valle, el aire purísimo de sus montañas y con el mar intensamente azul en el horizonte...

¿Quién no se ha acercado, como un devoto peregrino, a la cartuja de Valldemosa? ¿Quién no se ha asomado a sus huertos y a su iglesia, y, sobre todo, al interior de sus celdas, para vivir, aunque sólo fuera por unas horas, la vida de aquellos cartujos, silenciosa y contemplativa?

Pero de aquella paz también sería arrancado Jovellanos:

Ocupado tan dignamente en aquella santa y tranquila reclusión —es su amigo Ceán Bermúdez el que escribe—, desde donde veía con desprecio la vanidad del mundo y sus delezables atractivos, y en *donde estaba persuadido de haber hallado la verdadera felicidad,* le arrancó de allí el día 5 de mayo de 1802 el sargento mayor de los dragones de Numancia, dexando a los venerables monjes y al agradecido pueblo en la mayor consternación, y le llevó con estrépito y tropa al castillo de Bellver... [10].

De forma que la persecución arrecia, transformando al aprendiz de monje en el recluso de un castillo guardado por guarnición militar. Los frailes se tornan en soldados, los rezos en las consignas militares.

Y así Jovellanos se convierte en el prisionero de Bellver.

Serían casi seis años. Un largo cautiverio sólo suavizado hacia 1806, si tomamos como prueba el hecho de que se reanude el *Diario,* aunque tampoco será ya de su mano, sino de su sobrino Tineo, que venía a ejercer las funciones de secretario.

El cartujo se convierte en estoico. Con todo, y ante la persecución de que es objeto, acaba escribiendo al entonces poderoso ministro Caballero, al que considera como uno de los mayores culpables de su desgracia. En abril de 1805, cuando estaba a punto de llevar tres años en su nuevo encierro, Jovellanos le suplicará, sin duda presionado por su quebrantada salud. Le hablará de su «triste situación», de cómo se iban a cumplir los cuatro años de su internamiento en Mallorca, y de que ya tenía sesenta y uno, edad

---

[10]   J. A. Ceán Bermúdez, *op. cit.,* pág. 86.

avanzada para la época. Por todo ello, suplicaba que se le permitiera un régimen de vida más benigno:

> Yo no puedo persuadirme, Señor Excelentísimo —añadía Jovellanos en su escrito—, a que el justo y piadoso corazón de S. M. me abandone a morir en tan triste situación, ni tampoco a que ésta no merezca la compasión de V. E. Por lo mismo le ruego, con todo el encarecimiento de que soy capaz y con toda la confianza que su justificación y generosidad me inspiran, se digne elevar mi aflicción a la suprema atención de los Reyes, mis piadosos soberanos, implorando a mi nombre su real clemencia y obteniendo de su notoria piedad que me permitan volver a Asturias, para tomar allí las aguas marciales de Priorio, o las Caldas, y establecerme después en mi casa y al lado de mis pobres hermanas... [11].

Tan notoria persecución convertía a Jovellanos en el mártir de la libertad y le encumbraba a los ojos de todos los hombres honrados de su tiempo, cuando más se degradaba el Gobierno. La torpe alianza con la Francia napoleónica, tras los pactos de San Ildefonso (que habían conducido a continuos traspiés en el mar, frente a la Inglaterra de Nelson), acabó en el desastre de Trafalgar, donde desapareció nuestra armada, aquella flota que había sido uno de los mayores esfuerzos de los reformadores del siglo XVIII.

Y sería precisamente en Inglaterra donde se fraguarían sendos planes para liberar a Jovellanos, por medio de su gran amigo lord Holland. El primero, intentado mediante una especie de transferencia que, asegurando a Godoy un buen golpe de dinero en la banca londinense, sirviese para comprar la libertad del patricio asturiano; el segundo, más audaz, implicaba una atrevida operación bélica: un golpe de mano, en el que lord Holland quiso meter al propio Nelson. Aunque ninguno de los dos proyectos acabase cuajando, servirían para dar muestra de la magnitud que iba alcanzando la personalidad de Jovellanos.

Después del desatre de Trafalgar, el fracaso de la política del gobierno de Carlos IV era ya tan notorio, que el cambio empezaba a notarse en el ambiente. En la corte era cada vez más poderoso el partido del príncipe Fernando, frente al valimiento de Godoy, lo que daría motivo a una situación cada vez más conflictiva: el

---

[11] *Epistolario*, ed. cit. de Caso González, carta 37, págs. 150 y sigs.

proceso de El Escorial, en 1807, y el motín de Aranjuez, en marzo de 1808, serían buena prueba de ello.

Y de nuevo Jovellanos se transformaría en su prisión. Poco a poco, sus relaciones con sus guardianes irán cambiando. En 1806 le vemos ya como el gran señor, al que ninguna desgracia puede abatir. En vano de cuando en cuando el gobernador se enrabieta con su prisionero. El secretario lo anotará en el *Diario* con displicencia:

> El amo —anota el 1 de mayo de 1806— fue a convidar al Gobernador para cenar. Salió por la discantada de que no quería alternar con tales gentes (unos visitantes de Jovellanos)... S. E. le envió a pasear y comió tranquilamente con los demás... [12].

Que Jovellanos iba recuperándose y serenando su espíritu, pese a tantas desgracias, se manifiesta en que es en 1805 cuando escribe su estudio sobre el castillo de Bellver. Pues tan impresionante arquitectura militar, que le sirve de encierro, no deja de producir su admiración, y de incitarle a su mejor conocimiento.

De pronto, el castillo de Bellver se transforma en algo totalmente distinto. Ya no es una prisión militar. Es, sencillamente, el mejor mirador para admirar la belleza de Palma de Mallorca, la preciosa ciudad que se extiende a sus pies:

> De cualquier parte que se mire la escena en que fue colocada la ciudad de Palma, aparecerá muy bella y agradable, pero observada desde aquí se presenta sobremanera magnífica...

Así da comienzo Jovellanos a uno de sus escritos más sugestivos: su «Descripción panorámica del castillo de Bellver».

¡Increíble Jovellanos! Como si hubiera leído a Confucio, hará siempre como la rosa, que perfuma la mano que le hiere. También él, que tantos motivos tendría para aborrecer aquel castillo que le sirve de prisión, es capaz de elevarse sobre su situación personal, para cantar el lugar. Pues ¿acaso no es también Palma y Bellver y toda la isla de Mallorca una parte, y bien hermosa, de aquella España que tanto quiere? Estamos, por lo tanto, ante el patriota,

---

[12] *Diarios*, IV, 72.

como si su ánimo estuviese ya pronto al gran combate por su país, en la guerra que parecía tan inminente.

A principios de 1808, esa amenaza se convertiría en realidad, ante el avance de los ejércitos franceses y la exigencia de Napoleón de que el Ebro fuese la nueva frontera meridional de Francia. Contra aquella estúpida corte de Carlos IV y contra su odiado valido Godoy estalla a mediados de marzo el motín de Aranjuez: resultado, que el 19 de marzo Carlos IV abdicase en Fernando VII.

Era un cambio de personas, más que de sistema. Pero para el destino de Jovellanos sería, de momento, suficiente. Una de las primeras medidas del nuevo Gobierno sería decretar la libertad del gran patricio asturiano. La orden llegaría a Palma el 5 de abril, e inmediatamente el propio general que mandaba la guarnición se la comunicaría personalmente a Jovellanos:

> Martes, 5: A las ocho de la noche subió el señor General —anota el secretario de Jovellanos— y entregó a S. E. la orden de S. M., reducida a que había mandado alzar su arresto y permitirle que pudiese pasar a la Corte. Instó el General que bajase luego a la ciudad; pero S. E. respondió que su propósito era ir antes a la Cartuja de donde había salido, para dar gracias a Dios por su libertad, e implorar su protección en favor del nuevo Rey [13].

Éste es el prisionero de Bellver, el hombre perseguido por sus «peligrosas ideas»; el que una vez en libertad, lo primero en que piensa es en volver a la cartuja de Valldemosa, para vivir otra vez durante unos días con aquellos hombres de Dios.

Es como si, presintiendo todas las desgracias que se abatirían sobre su patria, quisiera pedir al cielo que le ayudase a tomar sobre sus hombros la tremenda carga que ya no podría esquivar.

Y es que el estoico estaba dando paso al patriota.

---

[13] *Diarios,* IV, 135.

3.—La patria en peligro

¡Qué situación la de España en la primavera de 1808! Los ejércitos franceses (la máquina militar más perfecta de la época y dirigida nada menos que por Napoleón) ocupando sus plazas principales, sin resistencia del Gobierno. Los reyes, fueran Carlos IV y María Luisa, fuera Fernando VII, compitiendo a cuál más en una serie de bajezas cortesanas. El pueblo, desconcertado e impotente. A las jornadas de Bayona, con las dimisiones regias en cadena para facilitar el acceso al trono de España de José Bonaparte, se suceden las del alzamiento del pueblo madrileño, inmortalizado por el pincel de Goya.

Días terribles, en los que se estaba gestando la España contemporánea. Días, meses, años terribles, en los que la vecina Francia había pasado de la época revolucionaria al período napoleónico.

En efecto, fue a lo largo de la caída en desgracia de Jovellanos, entre 1798 y 1808, cuando se había ido formando el poder de Napoleón. En 1797 había logrado el primer golpe de Estado del 18 de brumario, que le había hecho cónsul de Francia. Un año después, las victorias de Marengo y de Hohenlinden habían obligado a pedir la paz a Viena, firmada en Luneville en 1801, el mismo año en el que Jovellanos era deportado a Mallorca. Al año siguiente, Napoleón firmaba la paz de Amiens con Inglaterra. En el cenit de su poderío, organiza el nuevo Estado en Francia y se hace proclamar emperador, obligando al mismo papa Pío VII a presentarse en París; corría ya el año 1804. Poco después tendrá que enfrentarse con otra coalición europea, instigada por Pitt el Joven desde Inglaterra, y en la que entran nada menos que Austria y Rusia, y a la que pronto se incorpora Prusia. Por el momento, Napoleón, aunque la acción naval de Trafalgar le haga desistir de su proyectada invasión a Inglaterra, sabrá demostrar a Europa entera quién es el más fuerte en el continente: las sucesivas victorias de Ulm y de Austerlitz le abren las puertas de Viena, como la de Jena, en 1806, le franquea las de Berlín. Más trabajo le costará reducir a Rusia, que en Eylau le ofrece seria resistencia; pero la toma de Dantzig y la victoria de Friedland conseguirán al fin que el zar Alejandro I se avenga a negociar en Tilsit, dejándose seducir por el nuevo emperador de los franceses. Lo cual ocurría ya en 1807. ¿Quién sería capaz de resistir a ese Napoleón? Las monarquías que lo han intentado han sufrido tremendas derrotas, y sus reyes o emperadores se han visto obligados a durísimos tratados de paz. De forma que cuando en el otoño de 1807 Napoleón se fije en la península ibérica, conseguirá fácilmente el tratado de Fontainebleau, que con el pretexto del reparto de Portugal, le permite la misma invasión de España por sus tropas. Parecía como si aquella formidable máquina bélica, habiendo impuesto su ley en la Europa central, necesitara mantenerse activa, empleándose ahora en Occidente. Y Godoy, el omnipotente valido, se deja también seducir ante la perspectiva de que en el reparto de Portugal le toque nada menos que una corona regia; pretensión que podría parecer absurda, pero que en aquellos tiempos y viniendo de la mano de Napoleón, todo parecía factible. Si aquel aventurero corso había sido capaz de encaramarse al trono de Francia, ¿por qué no iba a serlo Godoy de convertirse en príncipe de los Algarves?

Tales ambiciones, alentadas por Napoleón, y las del propio Carlos IV, al que se le brindaba el título de emperador de las Indias, facilitaron la entrada de los ejércitos franceses en España, ante un gobierno débil e inepto; pero también ante el recelo del pueblo español, que veía cada vez más alarmado cómo su suelo era ocupado por las tropas francesas.

Pero no es Godoy el único en forjar sueños imposibles. El mismo Napoleón trama algo más que el bloqueo continental contra Inglaterra, mediante la ocupación de Portugal. Viendo la debilidad de la dinastía española y las vilezas en que parecen competir Carlos IV, María Luisa y Fernando VII, junto con el valido Godoy, se deja engañar y acaricia el proyecto de incorporarse no sólo España, sino también su fabuloso imperio de las Américas. Entonces, en la intimidad de los suyos, Napoleón fantaseó sobre los tesoros de las Indias, sobre México y Perú y sobre lo que todo aquello supondría para el que fuese capaz de incorporarlos a sus dominios.

Y es en ese vértigo de acontecimientos cuando se produce el motín de Aranjuez, el 19 de marzo de 1808, a favor de Fernando VII, con la caída de Godoy, y a los pocos días la liberación de Jovellanos. Y en seguida, cuando todavía el patricio asturiano está en Mallorca, es cuando estalla el alzamiento del Dos de Mayo madrileño, casi sincrónico con las vergonzosas jornadas de Bayona, que dejan el trono español a merced de Napoleón.

Era también cuando el alcalde de Móstoles daría su bando proclamando que la nación estaba en peligro, si no en los términos teatrales que ha recogido la leyenda, sí de forma categórica[1]. Y, a poco, Asturias se declararía en guerra abierta contra Francia, mandando emisarios a Inglaterra, para conseguir su apoyo.

La patria estaba en peligro. La orgullosa nación, que había forjado el primer imperio de los tiempos modernos, se veía invadida por los franceses, mientras sus reyes se arrastraban ante Napoleón en Bayona.

Era demasiado. Una guerra cruel, devastadora, que había de prolongarse durante años y años, iba a empezar.

Y es a ese escenario al que llegaría Jovellanos, recién liberado de Mallorca.

En verdad, en mayo de 1808, con las tropas francesas en Valladolid, Burgos, Pamplona, Barcelona, Madrid y Toledo, la patria estaba en peligro.

Se podría pensar: he ahí una frase para la retórica. A ciento ochenta años de distancia, hablar de la patria en peligro tiene, es cierto, ese tono retórico. Nos recuerda, al punto, los versos de Quintana:

> ¿Qué era, decidme, la nación que un día
> reina del mundo proclamó el destino...?

---

[1] A. RUMEU DE ARMAS, *El bando de los alcaldes de Móstoles, nueva aportación documental*, Toledo, 1940; cfr. su polémica con M. Ballesteros Gaibrois, en *Correo Erudito*, 1941, II, págs. 79-80 y 154-155.

Aquellos versos del que trataba de reanimar el espíritu patrio, y que terminaban:

> ¡Salud, oh padres de la patria mía,
> yo les diré salud! La heroica España
> de entre el estrago universal y horrores
> levanta la cabeza ensangrentada,
> y vencedora de su mal destino,
> vuelve a dar a la tierra amedrantada
> su cetro de oro y su blasón divino.

O más aún, Juan Nicaso Gallego, con su *Elegía al Dos de Mayo,* donde podemos leer, no sin cierta sonrisa benévola:

> ¡Venganza y guerra! resonó en su tumba
> ¡Venganza y guerra! repitió Moncayo;
> y al grito heroico que en los aires zumba,
> ¡venganza y guerra! claman Turia y Duero.
> Guadalquivir guerrero
> alza al bélico son la regia frente,
> y del patrón valiente
> blandiendo altivo la nudosa lanza,
> corre gritando al mar: ¡Guerra y venganza!

Sí, pura retórica a tantos años de distancia. Pero lo cierto es que la máquina de guerra de Napoleón imponía verdadero pavor. El que había entrado victorioso en Viena y en Berlín, el que había hecho claudicar a reyes y emperadores de media Europa, el que se había incorporado casi toda Italia, parte de Suiza, Bélgica y Holanda, aquel que era tenido por el rayo de la guerra, ante cuya espada ninguna parecía lo bastante fuerte, daba la misma impresión de fuerza incontenible que los tanques de Hitler a principios de la segunda guerra mundial.

Por eso hay que concluir que no eran retórica, no, los gritos de rabia del pueblo madrileño, al lanzarse casi desarmados contra los mamelucos en la Puerta del Sol, ni la defensa desesperada de Daoiz, Velarde, Ruiz y un puñado más de valientes en el Parque de Artillería de Monteleón, ni los fusilamientos de la Moncloa del 3 de mayo, ni los golpes de fusilería con que los franceses acribillaron toda la noche para empavorecer a los madrileños, como nos recuerda Mesonero Romanos en sus *Memorias,* o la brutal orden del día de Murat a sus tropas para actuar con el mayor de los rigores contra los madrileños[2].

De forma que Jovellanos, al que ya habían llegado en Palma las alarmantes noticias del Dos de Mayo madrileño, cuando desembarca en Barcelona está pasado de temor. Aún tiene ánimo para visitar la catedral —pues en él pervivirá el hombre ilustrado, hasta el fin de sus días—, admirando su traza gótica, aunque le haga añorar la de «nuestra Mallorca»; pero a continuación acude a la tertulia del general Ezpeleta, donde ve al general Duhesme, que mandaba la guarnición francesa, con su Estado Mayor, y comenta desesperanzado:

> Todo está ya perdido sin remedio[3].

¿Es por eso por lo que busca con tanto empeño el amparo de una casa amiga? En mayo de 1808 ya ha cumplido los sesenta y cuatro años, y se considera un viejo; y acaso lo está ya, porque tanta persecución y tantos sobresaltos han dañado su salud. Al pasar por Zaragoza se encuentra al pueblo alborotado:

> La llegada se señaló —anota en su *Diario*— con abrazos y lágrimas y lamentaciones sobre la triste suerte de la Patria[4].

Palafox querrá retenerle, valorando su consejo ante las difíciles jornadas que le aguardaban, pero al verle tan quebrantado, accedió a facilitarle su marcha, con su pasaporte y una escolta que le acompañaría hasta las afueras de Zaragoza. En la ruta hacia Jadraque, donde se refugiaría en casa de su viejo amigo Arias Saavedra, se va encontrando con grupos de soldados que, disueltos sus cuerpos, trataban de llegar a Aragón, posiblemente para unirse a las fuerzas de Palafox. El 1 de junio alcanza Jadraque y puede descansar ya en la casona de Arias Saavedra, recibiéndole en su ausencia su sobrino Joaquín Oquendo.

Al fin, se alcanza el refugio con el que tanto había soñado: la casa amiga, en la que vivir en libertad y sin zozobra.

Pero sería un descanso muy breve.

A las veinticuatro horas llega en su busca un correo de Murat,

---

[2] R. MESONERO ROMANOS, *Memorias de un setentón,* ed. Giner, Madrid, 1975, págs. 51 y sigs.
[3] *Diarios,* ed. cit., IV, 147.
[4] *Ibíd.,* 152.

llamándole a Madrid. ¿Qué hacer? Sin duda Jovellanos estaba harto escarmentado de ocupar altos cargos públicos. Por otra parte, su salud estaba tan quebrantada que bien podía disculparse, y así lo hará de momento, en cuanto puede cambiar impresiones con su entrañable amigo Arias Saavedra. ¡Emotivo encuentro el de los dos amigos! Jovellanos nos lo contará en su *Diario,* como no podía ser menos:

> Muchos abrazos —nos dice—, muchas lágrimas, muchas exclamaciones, interrumpidas por la necesidad de deliberar sobre la respuesta a la orden que trajo el posta. Decidióse al fin: yo contesté exponiendo el débil estado de mi salud y la necesidad de repararla... [5].

Y en verdad que su salud era mala. La misma emoción provocada por el encuentro con el amigo, aquel en que Jovellanos cifraba más que en nadie la sagrada expresión de la amistad; la excitación producida por las terribles jornadas que vivía España entera, con la sombría perspectiva de que aún fuesen cada vez más aflictivas; el desasosiego producido por las órdenes del invasor para que acudiese al punto a Madrid; todo eso provocó tal estado de nervios en Jovellanos que no es para contar. Todo ello, como queriendo dejar constancia para la posteridad, lo reflejará así en su *Diario:*

> La fatiga de espíritu —anota—, la mucha conversación y lágrimas del día, encendieron extraordinariamente mi cabeza y aumentaron mucho la tos, forzándome a tomar la cama, donde cené y me recogí, temiendo una mala noche [6].

Las medidas tomadas con la excusa dada a Murat, surtieron su efecto. Jovellanos pudo reponerse algo en el sosiego de la casa de Jadraque, protegido por la amistad de Arias Saavedra.

Pero poco duraría aquella paz, porque Jovellanos era ya el personaje clave en aquella España que se deslizaba hacia la guerra, y aun con sus ribetes de guerra civil. Tanto los afrancesados que estaban con Murat en Madrid —tales O'Farril y Mazarredo—, como los que se hallaban en Bayona con José Bonaparte (y ése era el caso de Azanza) seguirían presionando fuertemente sobre Jovellanos. Particularmente grave debió ser el despacho de Bayo-

---
[5] *Diarios,* IV, 157.
[6] *Diarios,* IV, 157.

na, en el que Azanza le comunicaba la orden de Napoleón de que pasase a Asturias, con la misión de apaciguar a sus habitantes, «suponiendo que ninguna persona tiene mayor influjo en sus ánimos»; recuérdese que Asturias había sido la primera en organizar su Junta provincial y en ponerse en pie de guerra contra el invasor. Por lo tanto, había que negarse con habilidad, para no exponerse inútilmente a la cólera de Napoleón.

La primera batalla que hay que librar, pues, será la diplomática. Y Jovellanos triunfa de momento de plano. Diez días más tarde, nuevos despachos llegados de Bayona le tranquilizan. Azanza le informa que tanto Napoleón como José Bonaparte hacían votos porque recuperase su salud, para que pudiera concurrir pronto al bien de la nación; y, en carta confidencial, su antiguo amigo le añadía que esperaba que pronto pudiera colaborar «a la grande obra».

¿Qué grande obra era ésa? Por supuesto, la de modernizar España, el viejo ideal de los ilustrados, que los afrancesados tomarían a su cargo. Y ése era el penoso dilema ante el que se verían los antiguos reformadores españoles, y entre ellos el propio Jovellanos. La modernidad, acaso su más caro ideal, les venía de la mano del invasor; la defensa de la patria parecía traer aparejada la de aquellos mediocres personajes, llamáranse Carlos IV o Fernando VII. Pero ¿cómo no estar con los que luchaban por la independencia contra el invasor? ¿Acaso no era ése el primer deber de todo español? Todos estos pensamientos cruzaron por la mente de aquellos ilustrados; algunos, y de la calidad de Meléndez Valdés o Moratín, dieron como imposible la lucha contra aquel poder tan fuerte, ante el que toda la Europa continental se inclinaba entonces, incluida Rusia, pues no olvidemos que corría el año de 1808, cuando tan reciente estaba la alianza firmada en Tilsit entre Napoleón y el zar Alejandro. Por otra parte, la Constitución de Bayona ofrecía, de inmediato, aquellas medidas tan suspiradas: la abolición de la Inquisición y de los derechos señoriales, la reducción de las órdenes religiosas; la eliminación de las aduanas interiores, que tanto entorpecían el comercio; en fin, el establecimiento de unas libertades individuales, a través de un sistema constitucional, que acabara con el absolutismo del Antiguo Régimen.

Todo ello era importante, y se comprende que tantas y tan honradas cabezas lo aceptasen; pero el riesgo de pagar un precio excesivo también lo era: en este caso, el de perder los signos de identidad nacionales, dado que la palabra *independencia* no era, ciertamente, una palabra vana.

Entre tanta confusión, y, sin duda, con sus momentos de perplejidad, Jovellanos supo mostrarse cauto al principio, hasta acabar viendo claro; de forma que cuando José Bonaparte le nombra ministro del Interior, Jovellanos se excusará de acudir a su lado y le pedirá que, dado su mal estado de salud, le exonerara de aquel cargo, pero terminando su carta en los términos más respetuosos:

> Ruego, por tanto, humildemente a V. M. que, exonerándome de este encargo, se digne recibir el sincero homenaje de mi gratitud, junto con el más vivo deseo de contribuir, hasta donde me sea dado, al servicio de V. M. y al bien y felicidad de la Nación.
>
> El cielo prospere la vida de V. M. dilatados años.
>
> Gaspar de Jovellanos [7].

¿Hipocresía, falsedad? No. Actitud de prudencia calculada, pues Jovellanos había tomado ya su decisión de apoyar a la España en armas, pocos días después victoriosa en Bailén. Y es que había comprendido que su puesto tenía que estar al lado de los españoles que luchaban por la libertad. Ése era el primer deber y la primera tarea en acometer. Y así, en una carta que se haría famosa, escrita a su antiguo amigo Cabarrús, del que empezaría a separarle esa idea de la patria, le diría:

> España no lidia por los Borbones ni por Fernando; lidia por sus propios derechos originales, sagrados, imprescriptibles, superiores e independientes de toda familia o dinastía. España lidia por su religión, por su Constitución, por sus leyes, sus costumbres, sus usos; en una palabra: por su libertad, que es la hipoteca de tantos y tan sagrados derechos.

Cierto que esa España había reconocido a un rey: Fernando VII. ¿Qué ocurriría si ese nuevo soberano se mostraba indigno de su misión? Era algo a tener en cuenta, y Jovellanos no va a escamotear ni la pregunta, ni la respuesta:

> España juró reconocer a Fernando de Borbón —añade en su carta a Cabarrús—; España le reconoce y reconocerá por

---

[7] En la ed. de Artola cit., IV, 341.

su rey mientras respire; pero si la fuerza le detiene, o si la
priva de príncipe, ¿no sabrá buscar otro que la gobierne?
*Y cuando tema que la ambición o la flaqueza de un rey la
exponga a males tamaños como los que ahora sufre, ¿no sabrá
vivir sin rey y gobernarse por sí misma?* [8].

De acuerdo con ese propósito, Jovellanos acepta el ofrecimien-
to que en septiembre le hizo la Junta provincial de Asturias para
representarla en la Junta central, junto con su amigo, el marqués
de Campo-Sagrado. Se alistaba, por tanto, en las filas de aquellos
que combatían por la independencia nacional, pese a sus notorios
achaques y a considerarse ya, a sus sesenta y cuatro años, como
un anciano, que tenía por muy dudoso llegar a ver el final de la
contienda.

De esa forma, desde mediados de septiembre de 1808 hasta
febrero de 1810, Jovellanos trabajaría como miembro de la Junta
central, que venía a ser el supremo órgano de gobierno de la
España libre, tanto en Madrid como en Sevilla y en la isla de León,
donde sucesivamente hubo de refugiarse la Junta, desde que la
ofensiva de Napoleón la obligó a dejar la corte. El 31 de enero de
1810, la Junta central depositaba sus poderes en manos de la
Regencia, la que aprovecharía Jovellanos para dar por terminada
su misión y para solicitar permiso para regresar a su refugio familiar
de Gijón. Lo que supuso aquel período de casi año y medio de
volver al Gobierno del país, en tan difíciles circunstancias, nos lo
expresa el propio Jovellanos:

> El plazo de dieciséis meses en que yo concurrí al desem-
> peño de sus funciones —dice en su memoria— fue, a la ver-
> dad, breve en el tiempo, pero largo en el trabajo, penoso por
> las contradicciones y peligros, y angustiado por el continuo y
> amargo sentimiento de que ni la intención pura, ni la aplica-
> ción más asidua, ni el celo más constante bastaban para librar
> a la patria de las desgracias que la afligieron en este período [9].

Porque, y eso conviene destacarlo, Jovellanos se ha decidido
ya a favor de la España que se enfrenta con el invasor. Y así lo
proclama incluso cuando todavía se consideraba como una causa

[8] Recogido por ÁNGEL DEL RÍO en la introducción a las *Obras escogidas* de Jovellanos, ed. cit., págs. CVII y CVIII.
[9] J. A. CEÁN BERMÚDEZ, *op. cit.*, pág. 103.

perdida, antes de que se librase la batalla de Bailén, en la que el general francés Dupont sería derrotado por las tropas del general español Castaños. En junio de 1808, Jovellanos señala a los afrancesados que están al lado de José Bonaparte cuáles son sus sentimientos; en carta a Mazarredo, enviada desde su retiro alcarreño de Jadraque, le indica su rechazo a entrar en aquel Gobierno, y le añade:

> La causa de mi país, como la de otras provincias, puede ser temeraria; pero es a lo menos honrada, y *nunca puede estar bien a un hombre que ha sufrido tanto por conservar su opinión, arriesgarla tan abiertamente cuando se va acercando el término de su vida.*

Por lo tanto, el panorama es sombrío, pero Jovellanos lo acepta estoicamente. En septiembre se incorpora a sus funciones de miembro de la Junta central, a un Madrid que la victoria de Bailén ha librado, momentáneamente, del invasor. Y toda España cierra filas contra el común enemigo. Moncey retrocedía ante Valencia, Lefebvre ante Zaragoza, defendida por Palafox, y Duhesme se bate en retirada ante Gerona, mientras los ingleses, alentados por la inesperada reacción del pueblo español, envían una fuerte expedición militar a Lisboa, que obliga a capitular al ejército francés mandado por Junot (capitulación de Cintra).

Era, en efecto, lo inesperado. Napoleón ya no iba a luchar con monarcas y con regímenes caducos, sino con un pueblo en armas:

> Desde Gijón a Cádiz, desde Lisboa a Tarragona, no suena otro clamor que el de la guerra. La justicia de la causa da tanto valor a nuestras tropas como desaliento a los mercenarios que vendrán a batirlas. El dolor de la injuria, tan punzante para el honor castellano, aguijará continuamente el valor y la constancia de los nuestros; y crea Vm. que cuando el triunfo (del invasor) sea posible, el conquistador verá a su trono sobre ruinas y cadáveres, y ya no reinará sino en un desierto.

Así defendía Jovellanos la causa, que era la de su patria, ante otro de sus viejos amigos, también pasado al bando afrancesado: Cabarrús [10].

---

[10] Carta de Jovellanos a Cabarrús, Jadraque, septiembre de 1808 (*Epistolario*, ed. cit., página 178). Es la respuesta a la escrita por Cabarrús en que le habla de la bondad de José Bonaparte, y que la batalla de Bailén le iba a obligar a convertirse en un conquistador.

Jovellanos se incorpora al Gobierno de la España nacional en septiembre de 1808, pero pronto tiene que montar la evacuación de la Junta hacia el sur. ¿Qué ocurría? Lo que podía considerarse como inevitable: la reacción de Napoleón, dispuesto a recuperar el prestigio de su ejército, perdido en la acción de Bailén.

Napoleón Bonaparte, ésa era la cuestión. Mientras su hermano José le escribía pesimista: «... este país —España— y este pueblo no se parecen a ningún otro», él contestaba que iría allí en persona («Il faut que j' y sois»), y añadía seguro de sí mismo:

> Podré hallar en España las columnas de Hércules, pero no los límites de mi poderío.

Ello suponía un reflujo de fuerzas francesas sobre España, que ya empiezan a penetrar por las Vascongadas en octubre de 1808, como la vanguardia de la *Grande Armée* que dirigiría Napoleón en persona.

¡Napoleón en España! El vencedor de los austriacos en Marengo, de los prusianos en Jena y de austriacos y rusos en Austerlitz. La espada ante la cual no parecía existir defensa segura, si no era más allá del mar; el que había sojuzgado a Roma, sin importarle el valor sagrado de la ciudad, y a Holanda, donde habían fracasado los tercios viejos españoles, durante ochenta años de continuas batallas, y Luis XIV, con todo su poderío. El que había impuesto su voluntad al Imperio austriaco, en Viena, y a los prusianos, en Berlín, y obligado a hacer las paces a los rusos, en Tilsit. Tal era el que se dirigía a España. ¿Quién estaba seguro ante su cólera?

De ahí el paso de la Junta central a Sevilla, sin esperar al resultado de la entrada de Napoleón, quien (vencedor en Somosierra) tomaría sin apenas resistencia Madrid. Algo imprevisto obligó, sin embargo, al emperador francés a salir de España para hacer frente a la quinta coalición, que le ponía otra vez en guerra con Austria.

Eso daría cierto respiro a la Junta central, a lo largo de 1809, en su refugio de Sevilla.

Para Jovellanos, Sevilla era como volver al pasado: la alegría de encontrarse con viejos parientes y amigos, como su sobrino Francisco Javier de Cienfuegos, como Ambrosio Delgado y como el marqués de la Granja. En cambio, ya nada quedaba de aquel hogar que él tanto había amado: la casa de los Olavide.

Sería una época terrible. La España de Carlos III, tan confiada y alegre, tan llena de esperanzas de reformas, auspiciadas por el gobierno paternalista de aquel soberano ilustrado, se había convertido en la España de la rabia y de la guerra, en la que todos los días ejércitos de uno y otro signo hacían y deshacían sus caminos, arrasaban sus pueblos y devoraban sus cosechas. Una guerra cruel que destruyó los sueños de los ilustrados.

Y por primera vez, con la angustia de su patria en armas, Jovellanos dejaría de hacer su diario.

Era todo un símbolo.

Algo, sin embargo, entre tantas amarguras y tan hondas preocupaciones, aliviaría a Jovellanos: el encuentro con sus viejos amigos, lord y lady Holland.

Como miembro de la Junta central, Jovellanos tendría dos objetivos, dos tareas, a las que se dedicó con todas sus fuerzas: unificar la guerra contra el invasor, como lo más urgente, y preparar el nuevo gobierno de España, de cara al futuro. Y esto es lo que daría el mayor interés a la etapa sevillana.

Pero no hemos de olvidar en qué momento de su vida estamos. El 5 de enero de 1809 Jovellanos ha cumplido los sesenta y cinco años. ¿Cómo se ve la vida a esa edad? ¿Cómo cuando estamos a principios del siglo XIX y cuando se ha sufrido un tiempo tan largo de persecuciones? Por otra parte, si el poder devora los hombres, ¿qué no hará cuando esa tremenda responsabilidad es sobre una España en guerra? Y eso en una de las guerras más duras de su historia, quizá más aún que la última guerra civil. Curiosamente, Jovellanos así la titulaba, porque veía cuántos de sus antiguos correligionarios del despotismo ilustrado se habían puesto al servicio del invasor.

De entrada, Jovellanos ha accedido a formar parte de la Junta central por puro patriotismo y con un tremendo esfuerzo. Es su voluntad de servir al país lo que le tiene en pie. En aquella dramática ocasión no cabían los desmayos, porque si se hubiera dejado llevar por sus propios deseos, se hubiera retirado a morir en paz en su rincón natal, en aquel Gijón que tanto añoraba.

Porque él sentía ya cercana la muerte. Dos años antes, cuando aún era el prisionero de Bellver, había hecho testamento. En él declaraba:

> Sepan cuantos esta carta de poder para testar vieran, cómo yo, don Gaspar Melchor de Jovellanos, Caballero profeso en la Orden de Alcántara, del Consejo de Estado de S. M. (Q. D. G.). Y residente en el Castillo de Bellver, de la isla de

Mallorca, habiendo cumplido ya la edad de sesenta y tres años, y sintiendo que mi vista y salud, se van degradando, así por un efecto natural del tiempo como por los grandes trabajos que he sufrido y por la estrecha situación en que he vivido y vivo de más de seis años a esta parte; *considerando por lo mismo que el tiempo de mi muerte no puede estar distante...* [11].

Y esto lo escribía antes que el gran desastre de la invasión francesa ocurriese. Desde entonces, a partir de aquel mayo de 1808, los españoles empezaron a vivir una atroz pesadilla. Salvar a España de aquella dramática situación era el imposible objetivo de sus gobernantes, y entre ellos el de Jovellanos; el cual unía al dolor de tantas desgracias la de ver cómo sus mejores amigos (Cabarrús y Meléndez Valdés entre ellos) militaban en el lado del bando invasor.

Jovellanos en Sevilla y en 1809 es el patriota esforzado; pero también un hombre que veía declinar sus fuerzas. Y eso en Sevilla, donde cada piedra le traía el recuerdo de aquellos otros años juveniles, tan llenos de ilusiones.

¿Recuerda acaso aquella Andrea de sus primeros versos? ¿O a Galatea, aquella con la que había paseado por las alamedas sevillanas, aquella que él había besado?

De Andrea tenía un retrato al que dedicará un soneto, que empezaba:

Bello trasunto del semblante amado...

Ahora, cuando los años han pasado, cuando se ha perdido el vigor juvenil, aún con alguna brasa en el pecho encendido, podría escribir acaso de este modo:

Te vi lejana y distante, ¡tan inaccesible !
Te vi entre brumas y sueños, ¡tan altiva y hermosa!
Como si la fábrica graciosa de tu rosa
fuera, al cruel paso del tiempo, insensible.

Corrí tras de ti tu sonoro nombre gritando,
los lentos días del eterno llanto embebidos,
como ríos, como lagos, o mares crecidos,
cruzados entre los dos, ¡ay!, mi pena doblando.

---

[11] *Obras,* ed. cit. de Artola, V, 274.

Te busqué apartando dudas, silencios y olvidos
donde el monte se hace más y más sagrado.
Te busqué en tu distante rincón tan amado,
hollando las hojas secas, los años perdidos.

¡Oh desolación! Todo, todo, todo fue en vano.
¡Oh la angustia del tedioso vivir sin sentido!
¿Dónde el milagro, dónde? En el verde latido
del verde bosque mi mano firme asió tu mano.

Éramos, amor, los adolescentes de antaño,
sonrisas en los labios, juventud recobrada,
la carne inmortal, la primavera rebrotada,
bebiendo sorbo a sorbo la vida en nuevo caño.

Sí, es ya la hora hermosa de amar, enamorados,
cuando los perennes sueños tornan a los sueños,
resurgen vivos, gozosos, todos los empeños,
los instantes del amor, límpidos y dorados.

Todo como si jamás tú te hubieras marchado.
Todo como si nunca el mal hubiera ocurrido.
Y ni siquiera urgiera ya el beso encendido
ni las furias increíbles del amor desatado.

Bastando no más mantener propicios los hados
para sentir, pronto, pronto, la angustia perdida
para notar, pronto, pronto, la muerte vencida
para estar, sí, otra vez los dos enamorados.

Sí, él, Jovellanos, puede pensar que pasea de nuevo por las riberas del Guadalquivir, como si nada hubiera cambiado, y como si allí cerca, al alcance de su voz, estuviera aún su enamorada.

Porque Jovellanos era un hombre sencillo, que hubiera querido tener la vida del poeta enamorado, y al que de pronto la vida le había hecho un quiebro, deslizándosele de entre los dedos, para trocarle la juventud dorada por la máscara de un viejo que, burla burlando, se hubiera puesto en unas fiestas de carnaval, y que ya nunca se hubiese podido arrancar.

Pero la vejez, si aleja el amor desatado, puede tener compensaciones. No la del poder, que Jovellanos no anhela, pero sí la de orientar a los demás hacia los grandes ideales. Para Jovellanos, esos ideales estaban cifrados, en aquellos días de 1809, en conseguir para su España una Constitución que la hiciera más libre. El pasado había sido de un atroz despotismo; en realidad, el Antiguo Régimen, una vez muerto Carlos III, había demostrado todos los errores de que era capaz, cuando el sistema estaba en las manos de un Carlos IV y de una María Luisa de Parma —la «parmesana» de los escritos de Jovellanos—. Era necesario, era urgente, cambiar las estructuras políticas:

> En ninguna parte ni tiempo son más necesarias las luces sobre este objeto que entre nosotros, que apenas conocíamos estas reuniones libres, porque ninguna podía no ser temible a un despotismo tan atroz como el que nos oprimía.

Así escribía Jovellanos a lord Holland (el gran amigo de esta última etapa de su vida) en noviembre de 1808 [12].

Era cuando Jovellanos lo esperaba todo de las Cortes; unas Cortes que él promovería, aunque no tendría vida para verlas terminadas, las famosas de Cádiz que otorgarían la Constitución de 1812, cuando Jovellanos hacía un año que había fallecido.

Será entonces cuando Jovellanos libra su batalla por una España nueva, libre tanto de invasores externos como de opresores internos. Pero ¡en qué condiciones! Porque Napoleón, al fin vencedor de la quinta coalición, tras su victoria en Wagram en los primeros días de julio de 1809, se dispone a mandar más refuerzos a las tropas que combatían en España. Todo dependía de que Austria se plegase a sus condiciones y aceptase la paz:

> Aún duran estas malditas negociaciones de Austria —escribía Jovellanos en septiembre de 1809—, y como Bonaparte sabe también vencer en las guerras políticas, tememos mucho que conquiste la paz [13].

Y el temido pronóstico se cumplió. Tras la paz de Viena, Napoleón tiene las manos libres para actuar en España con más energía, si bien creerá suficiente enviar meramente refuerzos, dado que en España estaban ya algunos de sus mejores generales.

El empujón galo desbarata las fuerzas españolas, que tras haber vencido con los ingleses en Talavera de la Reina, son derrotadas en Ocaña. En Sevilla, Jovellanos sigue con gran preocupación la guerra en la meseta. ¿Qué ocurriría si los franceses acababan concentrando sus fuerzas?

---

[12] *Epistolario,* ed. cit., pág. 783.
[13] Jovellanos a lord Holland, Sevilla, 27 de septiembre de 1809 *(Epistolario,* ed. cit., página 206).

... entonces —comenta inquieto Jovellanos— no sé si habrá alguna fuerza unida capaz de oponérsele... [14].

Pero lo que más le agobiaba eran las malas noticias que le llegaban de Asturias.

«Hablemos de mi desdichada Asturias», escribe una vez más, a lord Holland.

Y a continuación le refiere el ataque concéntrico de los franceses por Galicia y Santander, y por los accesos de la cordillera, en Leitariegos, para caer sobre Cangas de Tineo y por Pajares, para sorprender Oviedo, obligando al marqués de la Romana a embarcarse, dejando desguarnecido Gijón [15].

Esa preocupación por la guerra no le hace olvidar sus deberes de gobernante, como miembro de la Junta central. Era preciso dar una Constitución, asegurando un régimen de libertades al pueblo español.

Se trataba, no de una revolución, sino de una reforma política que pusiera a punto las viejas instituciones, y en este caso las Cortes:

> Nadie más inclinado a restaurar y afirmar y mejorar; nadie más tímido en alterar y renovar. Acaso éste es ya —reconoce Jovellanos— un achaque en mi vejez.

Apunta, pues, un conservadurismo, la vuelta del reformismo ilustrado, el aire dieciochesco:

> Creo que cada nación tiene su carácter; que éste es el resultado de sus antiguas instituciones; que si con ellas se altera, con ellas se repara; que otros tiempos no piden precisamente otras instituciones, sino una modificación de las antiguas...

¿Está operando sobre Jovellanos la imagen de los excesos cometidos por la Revolución francesa? Posiblemente. Como también parece claro que cada vez admira más el modelo político inglés.

En todo caso, mantiene su fe en la educación y en que los progresos de un país, en el camino hacia la libertad, pasan necesariamente por un avance en los diversos niveles de enseñanza:

---

[14]   *Epistolario*, ed. cit., pág. 188.
[15]   *Ibíd.*, pág. 197.

> Lo que importa —y es otra vez Jovellanos el que está al habla con lord Holland— es perfeccionar la educación y mejorar la instrucción pública: con ella no habrá preocupación que no caiga, error que no desaparezca, mejora que no se facilite. En conclusión: una nación nada necesita, sino el derecho de juntarse y hablar. *Si es instruida, su libertad puede ganar siempre; perder, nunca* [16].

Esas preocupaciones embargan todo el tiempo de Jovellanos, que ni siquiera puede leer las novelas que le manda su amigo lord Holland; agradece el envío, pero deja su lectura para cuando vengan tiempos más favorables. Recordando a Virgilio, dirá que había que esperar a cuando pudiera exclamar «Deus nobis haec otia fecit».

Y no había ocio, precisamente, para los españoles en los últimos meses de 1809. Cada vez se hacía sentir más la presión francesa, favorecida por la paz de Viena, que permitió a Napoleón desplazar más fuerzas a España. El año 1810 empezó con muy malos augurios. La Junta central tiene que evacuar Sevilla, y Jovellanos lo hará no sin dolor. A fin de cuentas, aquella Sevilla estaba muy arraigada en su vida. Pero ¡qué remedio! Con los franceses franqueando Sierra Morena, Sevilla estaba expuesta en cualquier momento a un golpe de mano:

> Mi muy amado Lord: Antes de dejar *esta mi amada Sevilla*, de donde no saldré sino con grave dolor, quiero poner a Vm. dos letras para pintarle la situación en que nos hallamos. Ella es, por cierto, bien triste y creo que dará no poca pena a Vm. que tanto nos ama; pero no sería desesperada, si se empleasen bien los recursos que aún nos restan. El enemigo ha penetrado por el Puerto del Rey... [17].

¿Qué había ocurrido? Algo más grave que la penetración francesa en Andalucía: la rebelión interna. Como tan acertadamente señala Artola [18], la derrota de Ocaña había sido particularmente penosa para la Junta central, porque había sido «su» ejército el derrotado, porque la opinión popular pondría fácilmente en comparación los éxitos militares del año 1808 (Bailén, defensas de Zaragoza y Gerona), cuando el país estaba fragmentado bajo el

---

[16] *Epistolario*, págs. 191 y 192.
[17] *Epistolario*, ed. cit., pág. 207.
[18] M. Artola, *op. cit.*

mando de las juntas provinciales, con los desastres ocurridos a partir de la organización de la Junta central: caídas de Madrid, Zaragoza y Gerona, derrotas de Somosierra y Ocaña y pérdida de Andalucía. Por supuesto que las cosas habían sido más complejas, y que hoy en día todos los especialistas coinciden en la sincronía de los avances o retrocesos de las tropas invasoras con lo que estaba ocurriendo en el resto de Europa. Pero, de momento, la tensión fue tal que todas las culpas se echaron a los junteros. En Sevilla, una Junta provincial renovada se rebela contra la Junta central. Se acusa a los junteros de malversación de fondos; la típica difamación contra los que han tenido el poder, que provocará en Jovellanos un alegato en defensa de su comportamiento.

Por otra parte, no cabía pensar en organizar en Andalucía una resistencia frente a los franceses; una masa de población de desheredados —los braceros, esto es, los que no tenían más fortuna que sus brazos, que sólo eran llamados a trabajar unos meses al año— no podía sentir los males de la patria. Ellos no tenían patria. Y tampoco la tenían los miembros de la nobleza, los propietarios, para quienes la guerra suponía simplemente la pérdida de sus bienes:

> La derrota de Ocaña perdió la patria —comenta con su amigo lord Holland— abriendo el paso a la Andalucía; no porque Galicia, Asturias, Valencia, Murcia y las provincias mismas mal ocupadas del enemigo no sean capaces de prolongar la guerra hasta que llegue un momento para su solución, sino porque el temor vuela por todas partes, *y estas provincias en que el pueblo compuesto de jornaleros es miserable y indiferente y sin espíritu de patria y los ricos tienen todo el egoísmo de la fortuna, ni saben, ni quieren defenderse* [19].

Por lo tanto, fue preciso huir frente a la avalancha francesa; y huir en las peores condiciones, con alteraciones populares y bajo la sombra de la deshonra.

> Todo lo hemos perdido, mi muy querido Lord —gime Jovellanos—: estado, honor, patria, existencia.

---

[19] *Epistolario*, ed. cit., págs. 209 y 210.

Y repite, obsesionado:

Todo lo hemos perdido...

Aún le parece ver la Sevilla alterada de los últimos días de
enero, cuando ya se sabía que los franceses habían franqueado los
pasos de la sierra, venciendo fácilmente la resistencia puesta por
las tropas españolas:

> Ya los tiene Vm. en torno de Sevilla, y aunque en corto
> número, el terror los precede y el abatimiento los espera,
> acompaña y sigue. Y, lo que no se puede decir sin lágrimas,
> entre tanto *los facciosos,* tal vez agitados por ellos, rasgan el
> corazón de la patria y la inhabilitan para la defensa, y los que
> con tan buen celo como poca fortuna la hemos defendido, nos
> hallamos perseguidos, escarnecidos y hechos la execración de
> los pueblos y la risa de los malvados... [20].

Tal escribía Jovellanos a su buen amigo lord Holland el 2 de
febrero de 1810, desde su nuevo refugio de la isla de León.

Disuelta la Junta central, puesto en marcha el gobierno de la
Regencia, Jovellanos ya no aspira más que a regresar a su tierra
natal asturiana. Nada tiene que hacer en el nuevo gobierno; ni
puede, porque físicamente se encuentra viejo y agotado, ni tampoco tiene ningún deseo de seguir en el poder. Al contrario, quizá
porque siente que ya estaba cercana la muerte, lo que quiere es
romper esas ligaduras políticas y retirarse a la vida privada.

Porque, ¿qué pasa por el alma del gobernante honesto cuando
en los momentos difíciles empieza a ver rostros hostiles, aunados
con no pocas deserciones, algunas incluso de los que más quiere?
¿Qué desolación, qué repugnancia no se siente entonces? En el
refugio postrero que le queda, Jovellanos dará su queja:

> Todo lo hemos perdido, mi muy querido Lord, estado,
> honor, patria, existencia; todo lo hemos perdido... Y, lo que
> no se puede decir sin lágrimas..., los que con tanto celo como
> poca fortuna la hemos defendido —a la patria—, nos hallamos
> perseguidos, escarnecidos y hechos la execración de los pue-
> blos y la risa de los malvados...

---

[20]   *Epistolario,* ed. cit., pág. 208.

Así pudo resumir su actuación en la Junta central con estas amargas palabras:

> El plazo de diez y seis meses en que yo concurrí al desempeño de sus funciones, fue a la verdad, breve en el tiempo, pero largo en el trabajo, penoso por las contradicciones y peligros, y *angustiado por el continuo sentimiento de que ni la intención pura, ni la aplicación más asidua, ni el celo más constante bastaban para librar a la patria de las desgracias que la afligieron en este período* [21].

---

[21]   J. A. CEÁN BERMÚDEZ, *Memorias, op. cit.*, pág. 103.

4.—En la recta final

En efecto, la situación de España en la guerra de la Independencia, cuando comenzaba el año 1810, no podía ser más alarmante. Los franceses avanzaban en todos los frentes. La nación parecía vencida y agotada. La ruina era general. Y las perspectivas en Europa, con Rusia aliada de Francia y con Austria y Alemania vencidas y sojuzgadas, no daban un resquicio a la esperanza; a lo sumo, la alianza inglesa permitía pensar en una resistencia, vinculada a las zonas costeras, donde los auxilios por mar permitiesen prolongar la guerra.

Entre tanto, la Junta central dejaba paso a la Regencia, evolución cada vez más exigida por la opinión pública, que veía en la Junta un organismo inoperante y totalmente incapaz de afrontar los tremendos problemas de aquella España en guerra.

Ante el nuevo poder constituido de la Regencia, Jovellanos formularía su ruego de apartarse de la política, pidiendo licencia para regresar a Asturias, con la asignación del sueldo que tuviera a bien señalársele.

Porque también había que descender a esos detalles, dado que era preciso vivir día tras día, y su fortuna familiar había sufrido un duro quebranto en la guerra. Quizá para ayudarle en sus necesidades, la Regencia concede a Jovellanos la licencia que le pedía para volver a Asturias, pero le mantiene en la política con el cargo antiguo de consejero de Estado y su sueldo correspondiente.

Y que no era buena su situación económica se echa de ver en que en el momento de emprender el viaje por mar a Asturias, presta ya la nave en la que había de embarcar, se encuentra con que carece de los recursos adecuados para aquella travesía. Como si fuera un aristócrata tronado, este hombre, que ha gastado toda su vida en un ejemplar servicio al país, tiene que pedir prestado a su mayordomo Domingo García de la Fuente; el amo endeudado y el criado enriquecido, es un caso más frecuente de lo que podría parecer; en todo caso, sabemos que el buen Domingo, que apreciaba de veras a Jovellanos (con lo cual se rompe el dicho de que no hay hombre grande para su mayordomo), le prestaría la bonita cantidad para el tiempo de 12.000 reales [1].

Todo a punto, pues. En la bahía de Cádiz, el bergantín *Covadonga;* su destino, Asturias. En él embarca Jovellanos en la tarde del 26 de febrero de 1810.

No fue fácil la travesía. Franqueado el cabo de San Vicente, vientos contrarios hicieron muy lenta la navegación. Un fuerte temporal sorprende a la nave a la altura de las costas de Galicia, obligando a desembarcar en Muros.

Sortear un temporal en el Atlántico, cuando se va embarcado en un bergantín, no es ninguna broma. El bergantín *Covadonga,* un velero de dos palos, con unos 40 metros de eslora y alrededor de 150 toneladas de desplazamiento, estaba tripulado por ocho marineros. En principio, Jovellanos había embarcado en la fragata *Cornelia,* nave de mayor envergadura y que ofrecía mayor seguridad; pero el hecho de que también lo hicieran otros miembros de la Junta central, contra los que había serias dudas en cuanto a su honestidad en el manejo de los fondos públicos —y contra los que se estaba desatando una campaña en la prensa local—, llevó a Jovellanos a cambiar de nave, junto con su paisano Francisco Campo-Sagrado. Ahora bien, embarcar en el mes de febrero en un bergantín, para costear todo el litoral desde Cádiz hasta Gijón no dejaba de ser toda una aventura.

Una aventura, quizá sea ésa la palabra. Una aventura, y como tal emocionante, cuando se tienen veinte o veinticinco años; pero nada apetecible cuando se han franqueado los sesenta y cinco.

---

[1]   J. A. CEÁN BERMÚDEZ, *op. cit.,* pág. 106. Que había pedido un préstamo para pagarse el pasaje lo sabemos también por su carta al conde de Ayamans de 6 de febrero de 1810 (*Epistolario,* ed. cit., pág. 213).

Y el temporal que hubieron de afrontar fue pavoroso. A la altura de la ría de Vigo ya nadie daba nada por la vida. Después de varios días de navegación, en la madrugada del 5 de marzo, el velero, a merced de la tormenta, se encuentra casi de bruces con los acantilados de la isla de Ons, a la entrada de la ría de Pontevedra. El naufragio parece inevitable, y el pánico inmenso.

El propio Jovellanos describe aquellos momentos:

> Fueron, sobre todo, terribles las noches del 3, 4 y 5 del corriente; pero en esta última, después de no poder aguantar ningún trapo, y cuando por nuestro rumbo nos creíamos diez leguas a la mar de Finisterre, oímos la terrible voz: «¡Tierra, tierra! ¡Nos perdemos! ¡Estamos sobre las islas de Ons!» Todos nos creímos náufragos, y esta desgracia era inevitable, si ya entonces, rayando el día, no nos hubiese advertido del peligro... [2].

Aun así, aquella pequeña nave, quizá demasiado pesada para su pequeño tamaño, maniobra difícilmente, zarandeada por un viento «que soplaba con furor» (y la expresión es del propio Jovellanos). A duras penas sorteó los cabos de Falcoeiro y de Corrubedo. A la altura del cabo Finisterre el temporal era tal, que obligó al capitán a poner rumbo sur, para refugiarse en la ría de Muros y Noya, tras otras veinticuatro horas llenas de zozobra [3].

Pero al fin, estaban a salvo. Y si la mar se mostraba tan inclemente, ya no sería problema el atravesar Galicia por la ruta terrestre de Santiago de Compostela y Villalba, para entrar al fin en Asturias por Vegadeo.

¿Era eso posible? Antes de desembarcar en Muros suben a bordo varios marineros del puerto gallego y les dan la dura noticia: Asturias había caído en manos de los franceses. No toda ella, pero sí su parte central, con Oviedo, Avilés y el propio Gijón. ¡Su casa de Gijón, la casa solariega, el hogar familiar bajo los franceses! De forma que aquel refugio esperado, aquel rincón perdido que era para él toda su esperanza, estaba ocupado por el cruel enemigo contra el que Jovellanos estaba luchando desde 1808. ¿Podemos entender su abatimiento?

---

[2] Carta a lord Holland desde Muros, el 8 de marzo de 1810 (*Epistolario,* ed. cit., página 217).
[3] *Diarios,* IV, 161.

Un rayo del cielo —se queja amargamente Jovellanos con su amigo lord Holland— no hubiera herido más fuertemente mi corazón.

Y no porque se viera ante el naufragio de su pequeña fortuna, sino por esa visión de su indomable Asturias ocupada por el invasor, aquella a la que él, acaso con el cliché de las historias infantiles de una Asturias enfrentada con Roma o con la Córdoba musulmana, y siempre victoriosa, estaba seguro de que aguantaría de igual modo la arremetida de las tropas de Napoleón:

> ... siempre me había consolado, en tantas desgracias como llovían sobre mí, la idea de que si España perecía, Asturias sería la última a recibir el yugo...

De forma que todo parecía perdido, y Jovellanos busca el arrimo del amigo generoso que tantas veces le había brindado su apoyo: se ve acorralado hasta el último extremo:

> Todo, pues, pereció para mí. Ya no tengo ni bienes, ni libros, ni hogar, y ni siquiera tengo patria...

Terrible situación para un patriota. Tal debieron sentir los pueblos de Europa en los últimos años cuarenta. Tal sentía entonces Jovellanos que, no queriendo volver a Cádiz, dolido por el abandono en que aquellas autoridades le habían dejado frente a las difamaciones de que había sido objeto, ya no veía ante sí otro recurso que embarcar para Canarias «por ser tierra de España y libre de franceses». Previendo ya cercano su fin, quiere al menos morir en tierra libre. Es cierto que lord Holland le ofrecía asilo en Inglaterra, pero Jovellanos, incluso en aquellos momentos en que se ve tan cercado por la desgracia, no accede:

> Yo viviría al lado de Vm. y me agregaría gustoso a su familia con cualquiera destino que quisiera darme en ella, si uno de mis firmes propósitos no fuese no abandonar la España, mientras conservase un palmo de tierra libre de franceses en que pudiese existir; y si estando en los sesenta y siete años de edad no sintiese ya que no es tiempo de pensar vivir con gusto, sino de morir con tranquilidad [4].

---

[4]   Jovellanos a lord Holland, carta cit. de 8 de marzo de 1810.

Amargos momentos, pues, para Jovellanos, cuando ya se sentía tan viejo y agotado; hasta el punto de que se ponga un año, pues en aquel de 1810 no tenía sesenta y siete sino sesenta y seis. ¿Lo hizo por aumentar aún más su desamparo? ¿Es confusión? No lo sabemos. Pero, cierto, los tiempos eran tan recios que cualquier error de este tipo puede comprenderse.

Pues su abatimiento es tan grande que aun cuando le aseguran que los patriotas asturianos han puesto su cuartel general en Luarca, decididos a rechazar a los franceses del Principado, ya no cree que tengan fuerzas suficientes para ello. Incluso teme que la propia Galicia corra la misma adversa suerte. («A decir verdad, aún temo por Galicia».)

Así que bien podía quejarse de su suerte. Incluso, en aquel ocio obligado de la villa de Muros, donde se vería obligado a pasar más de un año, carecería de sus amados libros. «Sobrándome tiempo —se lamentaría— me faltan libros para leer.» He ahí otro tormento que añadir para el temple de un intelectual. Bien podía exclamar, amargado:

> ... mi suerte... parece haber tocado el extremo de la adversidad... [5].

Por fortuna —que alguna habían de depararle los cielos, apiadados ante tal cúmulo de adversidades—, los buenos vecinos de Muros aliviaron el destino de Jovellanos. Acogiéndole con verdadera solicitud, como si se tratara de un náufrago —y era a lo que más se parecía—, le mostraron el mayor de los afectos, como si se tratara de un hijo de la tierra. Una familia acomodada —la viuda e hijos de Cendón— le alojó en su casa, junto con sus amigos los marqueses de Campo-Sagrado. De forma que poco a poco, y haciendo de tripas corazón, fueron Jovellanos y sus amigos poniendo buena cara al mal tiempo. A los tres meses ya podía tranquilizar a lady Holland:

> ... para que no se aflija su corazón sobre mi suerte, dígole que mi amado Pachín [6] y yo estamos buenos, tranquilos y con bastante humor para hacer una vida más alegre y menos agitada... [7].

---

[5] *Ibíd.*, pág. 216.
[6] El marqués de Campo-Sagrado.
[7] Carta de 12 de junio de 1810, *Epistolario*, ed. cit., pág. 224.

Y no es que faltaran, de cuando en cuando, los sobresaltos. Especialmente con la Junta provincial de Santiago, mal informada sin duda, o por recelos frente a la anterior actuación de la Junta central, mandó al coronel Osorio que se presentase con tropa en Muros, para recoger los pasaportes, tanto de Jovellanos como de Francisco Campo-Sagrado; agravio estúpido que afectó no poco a Jovellanos y que le llevaría a una enérgica protesta ante la Junta de Regencia y ante las principales autoridades de Galicia; teniendo, por fin, la satisfacción de conseguir que la Junta provincial de Galicia se disculpase, reconociendo su error.

Los vaivenes de la guerra llevaron a Jovellanos a los naturales altibajos. En una ocasión, ante la noticia de haber sido liberada Asturias, llegó incluso a embarcar ya, para tener a la postre que renunciar porque un correo urgente le hizo saber que los franceses habían ocupado nuevamente Gijón. De todas formas no tan agobiado continuamente que no le permitiera su romería a Santiago, o el disfrutar casi dos meses de la hospitalidad del marqués de Santa Cruz de Ribadulla en la primavera de 1811. Es por entonces cuando escribe la canción guerrera dirigida a sus paisanos, posiblemente su última poesía, en la línea de los poetas de aquellos días, que empezaba:

¡A las armas, valientes astures...

El 17 de julio de 1811 dejaba Jovellanos la villa de Muros y, siguiendo la ruta costera por La Coruña y Ribadeo, entraba en Asturias.

¡Por fin, Gijón! Por fin, la casona familiar, tan deseada. Por fin, la tierra de sus mayores, tan añorada. Por fin, Jovellanos se veía otra vez en aquel ambiente suyo, volvía a sus raíces ancestrales, oía la dulce habla que había acunado los días de su niñez, sentía cerca el poderoso batir de su mar Cantábrico, veía la luz tamizada de su cielo, sus verdes campos, sus enriscadas montañas.

El 6 de agosto de 1811, antes del mediodía, entraba Jovellanos en Gijón. Con qué emoción lo haría, no es para descrito. Acude a la iglesia parroquial donde estaban enterrados sus padres. Entre tanto, la noticia cunde por toda la villa. El pueblo va agolpándose, alborozado, queriendo ver al gran patricio que ha regresado, después de tantos años de persecuciones y desastres. Se grita: «¡Viva el padre de la patria!» Se ve llevado en volandas a su casa. Comienza un repicar de campanas, que no se sabe quién inicia, al que

ntestan las salvas de la artillería de la plaza, mientras los buques
urtos en el puerto se empavesan. Al entrar en la casona solariega
se encuentra ya con el cabildo municipal en pleno, con los parientes
y amigos, algunos como Pedro Valdés Llanos, un contertulio de
los antiguos venturosos años, al que Jovellanos abraza enternecido.
A la noche, los vecinos encienden hogueras en calles y plazas e
iluminan sus viviendas.

Era, en verdad, el premio a tantos desvelos por aquella gente
suya; el triunfo, si se quiere, después de tantas amargas vicisi-
tudes[8].

Aún pasaría angustias indecibles, pero los hados —no sé si
benignos o malévolos— se lo tendrían oculto, para que, por sólo
unos meses, viviera sosegado y tranquilo:

> Después de once años de ausencia, persecuciones y traba-
> jos —escribiría a lord Holland—, estoy otra vez en mi escon-
> drijo de Gijón, tan ansioso de hallar en él el descanso que
> mis muchos años y mi degradada constitución física nece-
> sitan...

No era ya el retiro inviolable, puesto que los franceses se
hallaban a las puertas de Asturias, y cualquier vaivén de los acontecimientos bélicos en el resto de España podía hacerles irrumpir
de nuevo. Eso Jovellanos lo tenía asumido. Él hablaría de que le
sería preciso tener un pie en tierra y otro en el mar[9]. Por otra
parte, Napoleón aún no se había arrojado a la temeraria empresa
de invadir Rusia y, mientras tuviese abierto sólo el frente occidental, resultaba muy problemático pensar en su derrota. Hoy vemos
a 1811 a las puertas de las grandes derrotas napoleónicas, dado
que al año siguiente sobrevendría la catástrofe de la retirada de
Moscú, mientras el ejército francés de Marmont sería batido en la
batalla de los Arapiles, cerca de Salamanca; pero eso era difícil de
prever en 1811, y Jovellanos no viviría para atisbar mayores esperanzas. En este caso, al igual que Pitt el Joven, que moriría abru-
mado por la derrota de Austerlitz, también Jovellanos lo haría sin
vislumbrar una paz victoriosa, que aliviara la suerte de España.

Al fin, de todos modos, en Gijón; por lo menos, Jovellanos
está en la cuna que le vio nacer. Otra cosa será cómo encuentra
su casa. Su hermosa pinacoteca, y sus libros —que eran sus dos

---

[8]   J. A. CEÁN BERMÚDEZ, op. cit., pág. 117.
[9]   Obras, ed. de Artola cit., IV, 476.

grandes pasiones—, en definitiva, su pequeño tesoro, había si‹
saqueado por Ney. Afortunadamente se había recuperado parte e.
Santoña. Pero ¿cómo había quedado? Descabalados los libros,
maltratadas las pinturas:

> Yo he hallado mis pinturas y mi pequeña librería casi
> destruidas; lo que se salvó fue por una especie de milagro
> —contaría a lord Holland—; pero estoy en Gijón, vivo en la
> casa en que nací, y recuerdo aquella *gloria felicis olim viridis-*
> *que juventae* [10].

Sí, allí podía recordar la gloria de la edad juvenil, aquellos otros
tiempos felices y lejanos, ahora que se encontraba tan viejo y tan
aislado. Muerto habían sus hermanos, y hasta casi todos sus amigos, incluido el entrañable Arias de Saavedra, cuyo final conocería
camino precisamente de su último viaje a Gijón.

Estaba en su casa, y eso era ya un consuelo, pero únicamente
para paladear esa amarga fruta de la soledad. Ante su hogar saqueado, con tan pocos libros recuperados y sus pinturas maltratadas, reflejo de aquel país suyo arrasado por tantos años de una
guerra cruel, tendrá sus momentos de abatimiento:

> Tal como están —libros, pinturas—, me hallo ya en medio
> de ellos, pero solo, muerta toda mi familia y casi todos mis
> amigos, el país empobrecido y devastado, el enemigo todavía
> a sus puertas...; y por todas partes la imagen del dolor, de los
> males sufridos y del temor de los que amenazan... [11].

Con todo, no tarda en mostrarse animoso y en hacer nuevos
planes. Intenta recuperar sus manuscritos mallorquines: «¡Cuánto
me entretendría en mi retiro la ordenación de algunos de (aquellos)
borradores...!», confiesa a su amigo Veri [12]. Está pendiente de la
política que se lleva a cabo en Cádiz, doliéndose de que no se
imponga un sistema bicameral, como en Inglaterra o en Norteamérica, que pudiera evitar los radicalismos del poder legislativo [13].
No está ajeno a lo que ocurre en todo el mundo; por supuesto,

---

[10] *Epistolario*, carta desde Gijón, el 17 de agosto de 1811; *Epistolario*, cit., pág. 237.
[11] *Obras*, ed. Artola, IV, 491.
[12] *Ibíd.*, IV, 491.
[13] *Epistolario*, 241.

tá al tanto de los inicios de la gran emancipación de la América
ispana, que esa pena le tenía también reservada la vida:

> Tengo sobre mi corazón la insurrección de América...

Tal se explayará con su amigo lord Holland[14] y, con aguda
visión del problema planteado, añadirá:

> No son los pobres indios los que la promueven; son los
> españoles criollos, que no pelean por sacudir un yugo, que
> desde el principio se trató de hacer ligero, sino por arrebatar
> un mando que envidian a la metrópoli.

Y aún añadía, certero:

> Se trata de una escisión, de una absoluta independencia,
> y sobre todo esto es la lucha[15].

Y, con todo, había que seguir viviendo y había que seguir
combatiendo por la patria afligida. Y Jovellanos sólo sabrá hacerlo
de un modo: luchando por su Instituto Asturiano, tratando de
ponerlo otra vez en pie, para que aquellos estudios, renovados,
sirviesen para preparar una juventud que estuviese en mejores
condiciones para regir la patria. Logra el apoyo, no sólo de las
autoridades locales, sino también de la Universidad ovetense, antaño recelosa, pero que ahora le enviará una comisión para felici-
tarle por su regreso y para animarle a que siga apoyando el Instituto, de igual forma que la Universidad estaba dispuesta a dejar
«las tinieblas del escolasticismo», para entrar abiertamente por el
camino de la renovación intelectual que pedían los tiempos[16].

Con esos estímulos, Jovellanos cobra ánimos. ¡Al menos podrá
ver, en el ocaso de su vida, cómo su querido Instituto reverdece!
Aunque está limitado poco menos que a su soldada de consejero
de Estado, decide renunciar al 50 por 100 de sus ingresos oficiales,
dando órdenes para que el 25 por 100 se entregara al Instituto y
el otro 25 por 100 para las necesidades de la nación en guerra[17].

Hasta el último instante, pues, vemos al patriota ejemplar,

---

[14]   *Ibíd.*, 235.

[15]   *Ibídem.*

[16]   La Universidad de Oviedo a Jovellanos, 6 de octubre de 1811 *(Obras,* ed. de Artola,
IV, 499).

[17]   Así se lo indica a la Junta del Principado *(Obras,* ed. Artola, IV, 500).

reducido a muy escasos ingresos: «Si no me hubiese vuelto a pequeño y dilapidado patrimonio, ya sería un mendigo», confie por entonces a su amigo lord Holland [18]. Pero el Instituto era má que su vida, era el sueño de una España mejor. Y así, con ilusión renovada, promueve su reapertura, que sería del todo solemne, para el día 6 de noviembre.

No estaría de Dios. Algo más fuerte que su voluntad lo impediría: la ofensiva enemiga, que otra vez pondría Gijón bajo los franceses y que obligaría a Jovellanos a una última y desesperada huida.

Entonces, ¿cómo fue que Jovellanos no comprendió que aún Gijón estaba a merced de un asalto enemigo? En realidad, el temor existía; de ahí su frase de que iría a su villa natal, pero dispuesto a tener un pie en tierra y otro en la mar. Lo que había ocurrido es que, después de la segunda invasión del Principado por la frontera oriental, las tropas francesas mandadas por el general Bonet habían maniobrado con tal superioridad que al evacuar el Principado en junio de 1811, por una orden superior, se pudo entender que aquello había sido ya una decisión definitiva [19].

Pero no había sido así. Y hasta tal punto que en aquel otoño Bonet penetró con relativa facilidad por el puerto de Pajares, ocupando Oviedo el 6 de noviembre.

¡El 6 de noviembre! Ese mismo día embarcaba Jovellanos, esperando que la fuga por el mar le librase de caer prisionero. La prontitud del movimiento de los franceses, su rápida campaña, tan entrado ya el otoño, sorprendió a todos. Eso explica que Jovellanos no se decidiera a coger la ruta terrestre, por la carretera de la costa. Eso, sin duda, le hubiera puesto en dos jornadas en Galicia, región que se había librado mejor del dominio francés. Pero ese derrotero tenía un notorio peligro: que alguna avazada enemiga sorprendiera a los huidos. En ese sentido parecía más segura la salida por el mar.

Y ésa sería la trampa en que acabaría cayendo Jovellanos, pues el mar Cantábrico, ya entrado el mes de noviembre, resulta con frecuencia peligroso, aun hoy en día; no digamos nada para las embarcaciones de aquella época.

Y hubo más. Pues ocurrió que entre los refugiados en el barco, compañeros de Jovellanos en la fuga, estaban algunos amigos (y

---

[18] *Epistolario*, ed. cit., pág. 237.
[19] DIEGO MATEO DEL PERAL, «Caída del Antiguo Régimen y revolución liberal en Asturias (1808-1874)», en *Historia de Asturias*, VIII, Ayalga Ediciones, Vitoria, 1977, páginas 15 y sigs.

articularmente uno entrañable: su antiguo contertulio Pedro Val-
és Llanos), pero también otros que no lo eran tanto; entre ellos,
el cónsul inglés, que tenía al parecer alguna cuenta pendiente con
la Hacienda, por algún asunto relacionado con contrabando. El
caso fue que cuando la nave zarpaba ya, en el atardecer de aquel
día 6 de noviembre, con viento favorable, con el que esperaba
poder franquear el cabo de Peñas (la única dificultad en aquella
travesía marítima, de cara a Galicia), se encontró con que otra
nave se lo impedía. ¿Acaso algún corso francés? Nada de eso, sino
un capitán que tenía orden de cobro a la Hacienda contra el cónsul
inglés por una cantidad respetable. El conflicto llegó hasta el punto
de disparar los perseguidores un cañonazo contra el bergantín que
llevaba a los fugitivos. Gran tumulto entonces en aquel barco
atestado de pasajeros, que se vieron ante un irremisible naufragio.
Fue precisa toda la elocuencia de Jovellanos para que al fin se
pudiera continuar la travesía. Ahora bien, en tales zarandajas
transcurrieron las más de las horas de aquella noche, lo que resultó
fatal; pues cambiando súbitamente los vientos y empeorando el
tiempo de hora en hora, a duras penas se pudo franquear el cabo
de Peñas. De forma que, tras ocho días de duro bregar, en medio
de una borrasca generalizada, la nave hubo de refugiarse en Puerto
de Vega, una pequeña aldea de pescadores, sita entre Luarca y
Navia.

Desembarcados en aquel lugar, Jovellanos y Valdés fueron
acogidos hospitalariamente en casa de un vecino acomodado, llamado Trelles. Pero su inquietud ya no les dejaba parar. De hecho,
el peligro frente a un golpe de mano francés, dado que Bonet había
ocupado de nuevo Oviedo y Gijón, era manifiesto. Se pensó en
zarpar en cuanto amainase el viento, con rumbo si fuera preciso al
propio Londres.

Pero el cerco se cerraba. Pedro de Valdés Llanos, aquel viejo
amigo que había querido compartir los riesgos de tal travesía,
enfermó gravemente, posiblemente como consecuencia de una re-
tención de orina. Ceán Bermúdez nos narra el hecho diciendo que
«se le había cerrado una fuente». Lo cierto es que Jovellanos tuvo
que actuar de enfermero, para intentar aliviar al amigo en trance
de muerte. Quizá pasó entonces por una nueva y dolorosa experiencia, pues cuando habían muerto sus padres y hermanos, e
incluso su incomparable amigo Arias Saavedra, Jovellanos se había
encontrado ausente. No había presenciado nunca la muerte de un

ser querido; amarga experiencia que ahora ha de saborear ca hasta el final.

Casi, ya que, cuidando a Pedro Valdés Llanos, también Jove llanos cae enfermo de muerte. Un enfriamiento, quizá, cogido en aquellas azarosas jornadas marineras, pero un enfriamiento que se convierte en una pulmonía, contra la que pocos remedios había en la época. Pronto Jovellanos se ve acometido por una violenta fiebre, que le hace delirar. Y todos los medicamentos que se le aplican resultan inútiles. El médico que le asiste le oye desvariar, presa de un fuerte delirio:

Mi sobrino... Junta central... La Francia... Nación sin cabeza... ¡Desdichado de mí! [20].

Así murió el 29 de noviembre de 1811 aquel gran patricio asturiano, con la amarga impresión de que no era posible abatir la prepotencia de Francia, con la nación sin cabeza. Desdichado Jovellanos y desdichada España.

¡Ay, muerte desatenta!

¡Vivir y morir con Jovellanos!

Todavía se puede visitar la casa de Puerto de Vega en que murió el gran patricio. Yo he penetrado en su habitación casi de puntillas. Se trata de un cuarto situado en la planta baja, con un balcón que da a un pequeño jardín. Siempre pensé que ver aquel trozo verde aliviaría la pena de Jovellanos. Pero ¿cabría algún alivio en aquella mente agobiada por las desgracias de su patria? Ese «¡desdichado de mí!» parece que penetra a través de los años y que sigue hiriendo nuestros oídos.

¡Vivir y morir con Jovellanos! Asomarnos a los juegos de su niñez, seguir su lenta formación humanista, acompañarle en sus funciones de magistrado sevillano, acudir con él a la tertulia de Olavide, enamorarnos de un amor imposible, que nos punzará toda la vida; ascender con él en su brillante carrera cortesana, ingresar en todas las Reales Academias, pronunciar el *Elogio* del buen rey Carlos III, escribir el *Informe sobre la Ley Agraria,* ser leal con sus amigos y defenderlos frente a la opresión (aunque eso cueste el destierro); esforzarnos por hacer más próspera la patria chica,

---

[20]   Las referencias en ÁNGEL DEL RÍO, *op. cit.,* I, pág. CXVIII; cfr. el relato de CEÁN, *op. cit.,* págs. 119 y sigs.

lcando todos nuestros anhelos en mejorar la educación de su ventud, a través de un centro piloto como el Instituto Asturiano; onocer con él por dentro lo que es el poder bajo el Antiguo Régimen, saborear la amarga fruta de la persecución y del destierro, para acabar en la prisión sin proceso de los años de Bellver; recibir la libertad en una España sacudida al punto por la más feroz de las guerras, hacer de tripas corazón para ayudar a esa España en guerra desde el puesto de máxima responsabilidad; en fin, buscar el retiro en el rincón perdido de sus antepasados, para allí tener que huir apresuradamente con la muerte ya en el corazón.

Todo esto es lo que hemos vivido con Jovellanos. Un magistrado recto, un político honesto, un humanista entusiasta, un edudor insigne, un patriota excelso, un estoico ante la adversidad, atropello y la muerte.

Un incansable luchador por la libertad de su pueblo.

En suma, un gran hombre, acaso el más digno representante la España de la Ilustración, al cual le tocó asomarse a los omienzos de la España contemporánea, alumbrados a través de a tremenda conmoción de la guerra de la Independencia.